Lejos como mi querer

Lejos como mi querer

Marina Colasanti

Ilustraciones de Marina Colasanti
Traducción de Elkin Obregón

www.edicionesnorma.com

Bogotá, Buenos Aires, Ciudad de México,
Guatemala, Lima, San José, San Juan, Santiago de Chile

Esta edición: Publicada bajo acuerdo con Grupo Santillana
en 2019 por Vista Higher Learning, Inc.
500 Boylston Street, Suite 620.
Boston, MA 02116-3736
www.vistahigherlearning.com

Published in the United States of America.
1 2 3 4 5 6 7 8 9 GP 24 23 22 21 20 19

Edición, Cristina Aparicio
Armada, Andrea Rincón Granados
Diseño de cubierta, María Clara Salazar Posada

61074642
ISBN: 978-958-04-3651-5

Contenido

La princesa mar a mar

Tres hijas tenía el rey. Y a las tres quería casar.

Hacía años esperaba paciente que crecieran, día tras día midiendo su estatura y sopesando sus trenzas. Hacía años pensaba en los yernos que le darían, a él que sin hijos hombres precisaba de guerreros.

Finalmente, un día advirtió que la primera hija estaba al fin en edad de casarse. Y la paciencia dejó de ser necesaria. Hizo llamar de inmediato al más antiguo y fiel de sus embajadores y, ante la corte reunida, le dio la orden que pensaba repetir, luego, otras dos veces: que hiciera pintar el retrato de la princesa y lo llevara a las cortes vecinas en busca de aquel que la haría reina.

Muy pronto, el Gran Pintor del Reino compareció con sus largos pinceles, sus frascos de colores y su corta barba. La princesa, vestida con ricas ropas, se sentó a posar. No obstante, pasados algunos días y listo ya el retrato, la corte disgustada sacudió la cabeza. El cuadro era bello, pero la princesa, ¡ah! la princesa era mucho más bella que el cuadro.

Decapitado sin mayor trámite aquel que había osado afear a la hija del rey, un nuevo Gran Pintor heredó su sitio, sus paletas y su misión. De nuevo la princesa posó, vestida ricamente. Pero la corte sacudió otra vez la cabeza al ver el resultado. Y ahora, de ceño adusto. La belleza de la joven lucía aún menos favorecida.

Bastó al tercer Gran Pintor mirar a la princesa para concluir que su retrato no estaría a la altura de la misión confiada. Por sus propios pasos, fue a entregarse al verdugo.

Y he aquí que no había más pintores en el reino, ni grandes ni pequeños. O, si los había, trataban de esconderse.

—Que esto no me impida cumplir la orden —dijo el embajador al rey, que ya empezaba a inquietarse—. Llevaré el retrato de otra manera.

Eligió del tesoro real la más linda perla, la guardó en un pequeño cofre, y partió en su carruaje rumbo a las distantes fronteras del Norte.

Largo fue el viaje. Cuando por fin llegó al castillo de aquel monarca, el invierno llegaba con él.

—¿Qué más me traes, Señor, además de nieve? —le preguntó el castellano desde lo alto de su trono.

El embajador le habló entonces de la hija del rey. Que estaba en edad de casarse. Y cuando el monarca quiso ver su retrato, abrió el pequeño cofre y, sobre el fondo de terciopelo, exhibió la perla.

—Así es ella —dijo en voz alta para que todos lo oyeran. Y alzando la perla, agregó:

—Bella, rara, pálida. Y preciosa.

Al día siguiente, partió de regreso el embajador, para llevar al rey la buena nueva. La mayor de sus hijas sería reina de las Tierras del Norte.

Poco tiempo después, ya ordenaba el rey al embajador que hiciera pintar el retrato de la segunda hija y lo llevara a la corte del Sur.

—Pintarlo no es posible, sin pintor —respondió el fiel anciano. Y agregó en seguida:

—Otro es el retrato que llevaré.

Rehusando la llave del tesoro que el rey le tendía, bajó a los jardines, se acercó al más lindo rosal, y cortó con su cuchillo el botón más perfecto, que protegió bajo su manto. Luego subió al carruaje y partió.

Largo fue el viaje. Cuando por fin llegó al castillo de aquel monarca, el verano llegaba con él.

—¿Qué otra cosa me traes, Señor, además del sol? —le preguntó el castellano desde lo alto de su trono.

Y el embajador contó entonces que el rey lo había enviado porque la segunda de sus hijas estaba en edad de casarse. Y cuando el castellano quiso ver su retrato, sacó de su manto el botón ya abierto, y exhibió ante la corte la más linda de las rosas.

—Así es ella —dijo en voz muy alta para ser escuchado por todos—. Delicada, suave, rósea. La más noble entre todas.

Hizo una pausa, buscó sonriente la mirada del monarca, y agregó:

—Y tiene también espinas.

El pretendiente vaciló. Pero era débil la amenaza ante tan linda flor.

Al día siguiente, partía el embajador a llevar la buena nueva a su rey. La segunda hija sería reina de las Tierras del Sur.

No acababa de llegar cuando ya el rey le ordenaba que llevase a la corte del Oeste el retrato de la hija menor. "¿Y qué retrato será este?", se preguntaba curioso.

Ni tesoro. Ni jardín. El embajador observó por un buen rato a la joven princesa, que conocía desde niña. Después, tomó un gran frasco de vidrio y fue a llenarlo en el mar.

Guardó el frasco en un bolso de blando cuero. Subió al carruaje y partió por tercera vez.

Solitario fue el viaje. Y lento, rumbo a las fronteras montañosas. Cuando al fin llegó al castillo en lo alto de la más alta montaña de aquel reino, la tempestad llegaba con él.

—Señor —preguntó el castellano desde su trono—, ¿además de la borrasca, qué más me traes?

—Te traigo la noticia de que la tercera hija de mi rey está en edad de casarse —respondió

el embajador, y contó luego que la conocía desde pequeña, que la había visto crecer.

Y cuando el monarca preguntó cómo era, se acercó, abrió la bolsa, sacó el frasco, y lo irguió muy alto, para que todos lo vieran.

–Ella es como el mar –dijo lentamente–. Profunda y misteriosa. Llena de riquezas escondidas. Sus movimientos obedecen a la luna.

El monarca, que nunca había visto el mar, contemplaba el frasco y no veía nada que correspondiera a las palabras del embajador. Frente a la corte había apenas un frasco lleno de agua transparente, sin secretos de peces o estrellas, sin conchas, sin olas. Agua, apenas, entre un vidrio. Ni siquiera azul. ¿Para qué habría de querer una esposa así?

Al día siguiente, al partir, el embajador llevaba consigo al monarca. Descendieron por caminos pedregosos, hasta el mar. Y llegando al mar, se apearon los dos, caminaron por la arena. La espuma lamía sus botas sin que el monarca se decidiera a regresar. Allí estaba el retrato, del cual no lograba apartar sus ojos. Pero al fin, subyugado, murmuró:

–Ella es demasiado grande para mí.

Por primera vez, el embajador regresó trayendo una mala noticia a su rey. La tercera hija no sería reina de las Montañas del Oeste.

El tiempo no se detiene porque una hija de rey no tenga marido. Así pues, sus hermanas se casaron, bordaron pequeños escarpines, sus hijos nacieron. Y ya comenzaban a gatear, cuando llegó al castillo la noticia de que en el horizonte del Este, donde no había frontera porque el Reino terminaba en el mar, una vela había surgido.

Veloces caballeros llevaron al castillo la información de que un gran barco, trayendo al monarca de los Hombres Navegadores, acababa de atracar. Y que este se aproximaba con sus tropas.

Se preparó la defensa. Cuando los extranjeros llegaron, centenas de ojos escondidos los espiaron tras las atalayas. Pero los guerreros traían envainadas las espadas, presos los escudos en los arreos.

—¿Qué te trae, Señor, además de los buenos vientos? —preguntó el rey desde lo alto de su trono, cuando el monarca navegador estuvo finalmente frente a él.

Entonces, el visitante contó cómo había sabido que la más joven de las princesas estaba en edad de casarse. Cómo, sin haberla visto, la conocía desde siempre. Cómo, conociéndola, quería casarse con ella.

Y porque el rey parecía no entender, se acercó, abrió su camisa. Después, se dio vuelta para que todos vieran. Y todos vieron. Tatuados en su pecho, peces y conchas se entrelazaban en las olas, estrellas de mar se deslizaban por la espuma.

—Aquí está su retrato —dijo en voz alta para que todos lo oyeran—, grabado sobre mi corazón.

La tercera hija del rey también oyó. Contempló aquellos ojos, azules de tanto inclinarse sobre el agua. Y supo, con cuánta alegría supo, que su esposo había llegado.

Un palacio, noche adentro

Sin haber deseado nunca una casa, aquel hombre se sorprendió deseando un palacio. Y el deseo, que había empezado pequeño, creció rápidamente, ocupando todo su querer con cúpulas y torres, fosos y mazmorras, e inmensas escalinatas cuyos peldaños se perderían en la sombra, o en el cielo.

¿Pero cómo construir un palacio cuando se es apenas un hombre, sin bienes ni riquezas?

"Sería bueno si pudiera construir un palacio de agua, fresco y cantarín", pensó el hombre mientras caminaba por la orilla del río.

Arrodillándose, hundió las manos en la corriente. Pero el agua siguió su viaje, sin que sus dedos bastaran para retenerla. Y el hombre se levantó y prosiguió su marcha.

"Sería bueno si pudiera construir un palacio de fuego, luminoso y danzante", pensó después el hombre, frente a la hoguera que había encendido para calentarse.

Pero al extender la mano para tocar las llamas, se quemó los dedos. Y advirtió que aunque lograra construirlo, jamás podría habitar en él.

Tal vez porque el fuego era caliente como el sol, le pareció verse, niño, a la orilla del mar. Y, con el recuerdo, surgieron ante sus ojos los lindos castillos de arena que en esos tiempos construía. Ahora, el mar estaba lejos. Pero el hombre se puso de pie y caminó, caminó, caminó. Hasta llegar al desierto, donde hundió sus manos en la arena y, con su sudor, comenzó a moldearla.

Esta vez, anchos muros se irguieron, dorados como el pan. Y una escalinata que llegaba a lo alto, y una terraza que coronaba la escalinata, y unas columnas que sostenían la terraza. Pero al atardecer el viento despertó, y con su blanda lengua comenzó a lamer la construcción. Arrancó los muros, destruyó la terraza, tumbó las columnas que el hombre ni siquiera había acabado de levantar.

Con razón, pensó el hombre, paciente. Es preciso un material más duradero para hacer un palacio.

Abandonó el desierto, atravesó la planicie, escaló una montaña. Se sentó en la cima y, en voz alta, comenzó a describir el palacio que veía en su imaginación.

Salidas de su boca, las palabras se apilaban como ladrillos. Salones, patios, galerías surgían poco a poco en lo alto de la montaña, rodeados por los jardines de las frases. Pero no había allí nadie que pudiese oír. Y cuando el hombre, cansado, guardó silencio, la rica arquitectura pareció estremecerse, desdibujarse. Y, con el silencio, poco a poco se deshizo.

Aún era de día. Agotados todos los recursos, no se agotaba sin embargo el deseo. Entonces, el hombre se acostó, se cubrió con su capa, ató sobre sus ojos el pañuelo que traía al cuello. Y empezó a soñar.

Soñó que unos arquitectos le mostraban sus proyectos, trazados en rollos de pergamino. Se soñó a sí mismo, estudiando aquellos proyectos. Soñó luego los pedreros que tallaban piedras en las canteras, los leñadores que abatían árboles en las florestas, los alfareros que ponían ladrillos a secar. Soñó el cansancio y los cantos de todos esos hombres. Y soñó las mujeres que asaban el pan a ellos destinado.

Después soñó las fundaciones, a medida que eran plantadas en la tierra. Y el palacio, saliendo del suelo como un árbol, creciendo, llenando el espacio del sueño con sus cúpulas, sus minaretes, sus cientos y cientos de escalones. Soñando, vio aún que la sombra de su palacio dibujaba otro palacio sobre las piedras. Y sólo entonces despertó.

Miró la luna en lo alto, sin saber que ya ella había tenido tiempo de levantarse y ocultarse más de una vez. Miró a su alrededor. Conti-

nuaba solo, en la cima de la montaña vento-
sa, sin abrigo. No habitaba en el palacio. Pero
este, grandioso e imponente como ningún
otro palacio, habitaba en él, para siempre. Y
tal vez navegara silencioso, noche adentro,
rumbo al sueño de otro hombre.

Pie ante pie

Nariz puntuda, mirar agudo, gesto de seda. Dicho eso, está descrito el zapatero real. No del rey, porque no lo había en aquel reino, sino de la reina, dueña del cetro y la corona.

Y no sólo de ella, pues con holgura alcanzaba para más de una persona el talento del zapatero: también de las damas de compañía y, a veces, de algunas escasas cortesanas y escasísimos cortesanos escogidos por el dedo real.

Entre esos cortesanos, sucedió que un día vino a incluirse el gran general, así llamado no tanto por la estatura, bastante vulgar por cierto, como por sus incontables victorias en los campos de batalla. Queriendo precisamente recompensarlo por la última, y ya que no había más medallas para colocar en su pecho, ni más espacio en este para prender medalla alguna, pensó la reina que el premio podría consistir en un bello par de botas, fabricadas especialmente para él por el zapatero real.

Ignoraba la soberana que, así se tratara de un inigualable artesano, poco o nada entendía de botas el zapatero. Sus hábiles dedos lucían más en la confección de zapatillas delicadas, babuchas, primores de satín y terciopelo adornados con lazos y rematados en altos y finos tacones.

Incluso los calzados masculinos, que tan raras veces fabricaba, tenían por destino personajes de la corte, y eran casi tan graciosos como los de las damas. Botas no habían salido de sus manos.

Aun así, se esmeró cuanto pudo. Durante días, trabajó el firme cuero, las gruesas suelas, los duros tacones. Todo le resultaba ajeno. Su ceño se fruncía, sus dedos se herían. Pero el martillo batía, las agujas subían y bajaban. Y por fin, cuando las botas estuvieron listas, les regaló un brillante par de hebillas de plata, y se regaló a sí mismo una amplia sonrisa.

Ansioso de estrenarlas, y no viendo ocasión propicia, el general trató de buscar una. A la primera provocación de un vecino enemigo, declaró inevitable la batalla. Y allá se fue, con las altas botas relucientes y el sombrero emplumado, al frente de sus tropas. Reverdecía el campo que muy pronto estaría rojo. El enemigo erguía sus mosquetes en un flanco, los oficiales desenvainaban las espadas en el otro. El general alzó el brazo. Los trompeteros tocaron al ataque. Los soldados avanzaron raudos hacia el frente.

Pero, en lugar de sentir que arremetía contra el adversario en alas de un heroico coraje, el general advirtió que sus pies retrocedían, llevándolo inapelablemente en dirección opuesta. La tropa boquiabierta vio cómo su líder salía corriendo, de espaldas. Y, aunque sin entender la inusitada maniobra militar, siguió su ejemplo. Caían algunos por falta de habilidad, tropezaban otros, mientras la mayoría retrocedía como un bando de escorpiones, abandonando el campo de batalla entre las carcajadas del enemigo.

Sin aliento, sin gloria y sin sombrero de plumas, logró al fin sentarse en el suelo el general. Se descalzó las botas, y los pies se movieron, libres, confirmando sus sospechas. Eran ellas las responsables, ellas que con sus hebillas de plata y su brillo engañoso habían comandado sus pasos rumbo a la degradación.

Si la cabeza del zapatero no rodó, fue solamente porque gustaban de ella los pies reales. Y porque él, contrito, admitió su error, confesando que por falta de costumbre había cosido las gruesas suelas –¡y con cuánto esmero!– de atrás hacia adelante. Jamás volvería a suceder, prometió.

Y la reina, para demostrarle que lo había perdonado, y para amansar las iras del general, le pidió para él un nuevo calzado. No más botas, claro, pues el reino no podía correr tamaño riesgo. Serían zapatos, iguales a los que se usaban en la corte.

Esta vez el zapatero no tuvo que fruncir el ceño ni herirse los dedos. Hacer zapatos cortesanos era justamente su único y verdadero oficio. Y sabía ejercerlo mejor que nadie. Muy pronto, estuvieron terminados.

Y muy pronto, los calzó el general. Y con ellos en los pies, fue a plantarse con sus hombres en aquel mismo campo de batalla que había presenciado su deshonra. El enemigo erguía sus mosquetes en un flanco. Se desenvainaban en el otro las espadas. El general levantó el brazo dando la orden. Los trompeteros soplaron sus instrumentos. Las primeras notas del toque de asalto inundaron el aire. La tropa avanzó rauda hacia el frente.

Pero al sonido de las notas, los zapatos, hechos para la corte y preparados para los bailes, empezaron a danzar. Giraba el general, dando saltitos. La tropa, consternada, pero adiestrada en la obediencia, siguió de nuevo sus pasos. Oficiales y soldados se deslizaron dando vueltas, solos o en parejas, bailarines de armas en mano pisoteando con pies ágiles el campo lleno de amapolas, mientras a lo lejos, cada vez más lejos, resonaban las carcajadas del adversario.

Esta vez, ni la benevolencia de la reina pudo impedir que el zapatero fuese encerrado en la torre más alta del reino, a la espera del cadalso.

Y ahí estaba pues él, sentado en un frío piso de piedra, contemplando en lo alto, muy

en lo alto, la única ventana de la torre, y más allá, a través de ella, el cielo azul.

Toda la tarde la pasó en esa contemplación, dejando que se apagara aquel azul que tal vez sería el último.

Y poco a poco, el azul se hizo violeta. Y en el violeta cada vez más oscuro, se recortó una silueta, y después otra, y otra.

Eran murciélagos que se lanzaban a la noche. En un rapto de ternura, el zapatero se acordó de su taller, de los pequeños zapatos colgados del techo sobre su cabeza, en ordenada fila, par a par, montando guardia a su labor, pendiendo como murciélagos en su sueño diurno.

Allá arriba entrevió otra forma móvil, fugaz. Se quitó entonces los zapatos. Con cuidado, los ató por los cordones. Después, introduciendo en uno la mano y el pulgar en el otro, los unió con firmeza, levantándolos del suelo.

Como si despertaran al toque de sus manos, los zapatos se estremecieron. Muy despacio, empezaron a moverse, revolotearon como dos alas negras. Dos alas que, batiendo lentas al principio, luego cada vez más rápidas, ascendieron, llevando consigo al zapatero. Y en la oscuridad que ya invadía la torre como agua en un pozo, lo llevaron hasta la ventana y se internaron con él en el cielo color violeta.

Bella, de las blancas manos

Era bonita y joven como un amanecer. Y los hombres de la aldea, todos, suspiraban por ella. Los solteros la miraban de frente, intentando apoderarse de su mirar. Los casados la miraban de soslayo, escondiendo el brillo de sus ojos bajo los párpados velados. Los viejos y los niños la miraban de noche, en sus sueños.

Ella, sin embargo, no miraba a nadie. Hacía sus labores con alegría, cantaba, caminaba grácil con los pies descalzos. Poco hablaba con las otras mujeres de la aldea.

También estas la miraban. Pero con ojos oscuros. Veían a la adolescente hacerse mujer. Veían a sus hombres cada vez más atraídos. Y se veían a sí mismas más feas, porque el espejo era ella.

Sucedió luego que un mozo abandonó su yunta de bueyes en mitad del campo para seguirla hasta el río. Hubo una noche en que un marido no regresó a casa, por quedarse suspirando la noche entera bajo su ventana. Dos jóvenes se trenzaron en un duelo a cuchillo, y se dijo que había sido por ella. El loco de la aldea se ahorcó y todos pensaron en un solo motivo.

Por la noche, las mujeres se reunían mientras ella dormía. Y decidieron su destino. Aún en la oscuridad, la sacaron de la cama y la expulsaron de la aldea. Que jamás regresara. Al día siguiente, dijeron a los hombres que había partido con un viajante.

Y no hubo más bueyes abandonados en mitad del campo, todos los maridos regresaron por las noches a sus casas, las luchas fueron por causa de la tierra. Y un día, un hombre perdió la razón y la aldea volvió a tener su loco.

Todo era tranquilidad. Hasta el día en que uno de los hombres salió a cazar y no volvió.

Lo buscaron en el bosque, lo buscaron en el río. Y nada encontraron. Sólo su arma, debajo de un arbusto.

Pasados muchos meses, cuando ya nadie hablaba de la desaparición, otro fue a cortar leña. Y no volvió.

Esta vez sólo buscaron entre los árboles. Encontraron el hacha. Pero ni rastros de él.

Durante mucho tiempo, se habló del hombre que había desaparecido. Muchos evitaban ir al bosque. Después, poco a poco, el caso se fue borrando en la memoria de la aldea, y las cosas volvieron a ser como antes.

Y como antes un hombre fue al bosque, y como antes no regresó, y como antes nada de él se encontró.

Era el tercero que desaparecía. Habría otro después. Y otro más.

Las mujeres lloraban con sus negros ojos.

Nadie más quería ir al bosque. No obstante, casi agotadas ya las provisiones de sus casas, dos hombres decidieron que juntos el peligro sería menor. Y salieron a cazar.

Muchas veces habían recorrido aquellos senderos. Pero por más que conocieran todos los nidos y cuevas, ese día ninguna criatura de pelo o pluma cruzó su camino. Y buscando, se internaron más de lo que pretendían.

Uno de ellos iba al frente. El otro lo seguía. Sin que el primero lo advirtiera, el segundo se fue quedando atrás y, atraído por un ruido, se metió entre el follaje.

No tardó su grito. Corrió el primero a ayudarlo. Pero al llegar al sitio de donde venía el llamado, vio la mitad superior del amigo, que agitaba los brazos y pedía socorro, mientras la otra mitad desaparecía en la boca de una enorme serpiente.

Pensó en disparar, pero temió herir al compañero o provocar la furia de la serpiente, que podría partirlo en dos. Lo agarró entonces por las manos y, clavando los pies en el suelo, comenzó a jalar.

Jaló, jaló, jaló. Y poco a poco, la cintura del amigo emergió de la verde moldura de aquella boca. Después, aparecieron las caderas, los muslos, las piernas.

Extenuado, cayó al suelo mientras su amigo acababa de liberarse por sí mismo.

Pero al levantar la cabeza, vio que este, aunque ya afuera de la serpiente, sacudía los pies y luchaba, intentando zafarse de alguna cosa. Se acercó. Saliendo de la boca de la boa, dos manos se aferraban a los tobillos del amigo.

Ahora eran dos para jalar. Asía una mano el primero, asía la otra el segundo. Y, palmo a palmo, salió un tercer hombre como el otro había salido. Era el último en desaparecer de la aldea.

Se limpiaban los dos el sudor y el polvo, cuando vieron que el hombre también sacudía los pies, sujetos los tobillos por dos manos que asomaban por la boca de la serpiente.

Ahora que eran tres para jalar, no parecía necesario hacer tanta fuerza. Pero sí lo era. Y al final, cayeron los tres exhaustos, y el hombre que acababa de salir vio que sus tobillos estaban presos, y los cuatro comenzaron a jalar.

Cinco hombres vieron la luz de esa forma. En el mismo orden en que a lo largo de los meses habían desaparecido de la aldea. Y cuando el quinto salió, vio que ceñían sus tobillos, como pulseras de marfil, dos manos blancas y finas.

Eran ya siete empeñados en jalar. Y con asombro, advirtieron que, a medida que los pálidos brazos salían de la boca oscura, se encogía, como tragada por ella misma, la cola de la serpiente.

No habían surgido completos los brazos, y ya asomaba una cabeza de larga cabellera; se revelaba un dulce rostro de mujer. Una nueva delicadeza movía a los siete hombres. Cuando por fin la mujer fue liberada, reconocieron a la joven de la aldea, a la que todos creían lejos en compañía de un viajante. Y como estaba desnuda, buscaron en el suelo algo para cubrirla. Pero en el suelo no había nada. Ni siquiera la larga piel de la serpiente.

El joven que no tenía nombre

Era un joven que no tenía nombre. Ni lo había tenido nunca. Un joven que, por no tener nombre, tampoco tenía rostro.

–¡Psiu!– lo llamaban las personas.

Y él, acostumbrado desde pequeño, atendía. No obstante, cuando se aproximaba, quien lo había llamado veía en lugar del rostro del joven su propio rostro, reflejado como en un espejo. Y se llenaba de espanto.

Así, sin ojos ni sonrisa que fueran suyos, nadie lograba escoger el nombre que se le ajustara, tornándolo único, imposible de ser confundido con otro.

Era una carga de ausencia demasiado grande. Y pronto decidió que, en cuanto hubiera crecido, dueño por fin de su vida, partiría en busca del rostro que le pertenecía y que, con certeza, habría de andar perdido en alguna parte del mundo.

Cumplida la edad, reunió sus cosas, salió de la aldea y empezó a andar.

Anduvo y anduvo. En los castillos que le daban hospedaje, examinaba ansioso los cuadros y las tapicerías, se acercaba atento a las esculturas, incluso a las más pequeñas que adornaban a veces una sopera de plata o el mango de una cuchara. ¿Quién podría decir que entre tantos caballeros retratados, entre tantos hombres pintados y bordados, no estuviera alguien cuyo rostro, por engaño o descuido, fuera el suyo? Hasta sobre los bastidores de las damas se inclinaba, con la esperanza de que el punto que acababan de hacer estuviera concluyendo una nariz, o el trazo de una ceja que tal vez era la suya.

Así viajaba, haciendo su camino como quien atraviesa un río saltando de piedra en piedra. Pasaba de una ciudad a otra, de una casa a otra, siempre buscando, en las familias que se reunían alrededor de los hogares, en las multitudes que se agrupaban los días de fiesta, y hasta en los broches de esmalte que adornaban los escotes, en los camafeos y en las piedras talladas de los anillos.

Sin que nada, en todos aquellos años, le hiciera apartar su rumbo de la búsqueda.

Y siguiendo ese rumbo, un día, encontró a la joven que regresaba de la fuente.

Tan atenta iba, para no derramar el cántaro equilibrado en lo alto de su cabeza, que ni

siquiera lo vio llegar. Y cuando él se aproximó, ofreciéndose a cargar el cántaro, fue una expresión de gratitud y sorpresa, más que de espanto, la que mostró al encarar el rostro vacío.

Caminando despacio, para prolongar la marcha, el joven la acompañó hasta su casa. Pero al otro día, muy temprano, fue a esperarla en la fuente. Y cuando ella llegó, se ofreció de nuevo a cargar el cántaro.

Así sucedió también al otro día, y en los días que siguieron. Ahora se sentaban un rato a la orilla de la fuente, conversando sin prisa mientras el tiempo fluía a la par del agua. Y a cada nuevo encuentro, ella miraba sus propios ojos reflejados en él y los veía más brillantes, miraba su boca y sólo veía sonrisas.

Poco a poco, la ausencia del rostro fue perdiendo importancia. El joven tenía tantas cosas que contar, tanta dulzura en la voz, que ella comenzó a verlo más y más bello. Era como si nada le faltara. Ni aun el nombre. Pues no necesitaba llamarlo, ya que siempre lo encontraba esperándola, sin importar la hora de su llegada.

Pero en la fuente, empezaban a flotar las primeras hojas muertas. El arroyo, que había traído el verano, trajo lentamente el otoño. Y al final, llegó el invierno, engullendo las tardes en su vientre frío. En breve se helaría la fuente. Y la joven advirtió que, sin agua para buscar, no tendría ya disculpa para salir de casa.

Envuelta en un chal, aún fue a la fuente durante algunos días. Pero aquella mañana en que las orillas del riachuelo comenzaban a hacerse de cristal, el miedo de perder al joven la atravesó como un viento. Quiso retenerlo, llamarlo. Ansiosa, le tendió las manos. Y casi sin sentir, en un soplo, fue Amado el nombre que le dio.

Onduló su reflejo en el rostro del joven. Poco a poco, sus ojos espejeantes perdieron la nitidez, se deshizo el contorno de sus labios. En aquel vacío, sólo quedaba una niebla. Y en la niebla, traídos de lejos por el llamado de un nombre, comenzaron a aflorar dos cejas espesas, después el ángulo de una nariz, la sólida línea de un mentón, la amplia frente. Trazos cada vez más nítidos, que diseñaban el rostro al fin encontrado.

Gotas de hielo crecían en las hojas. Se adensaban las nubes. Pero él, el hombre que ahora tenía rostro y nombre, sonreía como un sol.

Como los campos

Se preparaban aquellos jóvenes estudiosos para la vida adulta, oyendo y siguiendo las enseñanzas de un sabio. No obstante, como el otoño se hacía cada vez más frío, fueron a visitarlo y preguntaron:

—Señor, ¿cómo debemos vestirnos?

—Vístanse como los campos —respondió el sabio.

Entonces, los jóvenes subieron a una colina y durante días contemplaron los campos. Después, fueron a la ciudad, donde compraron tejidos de muchos colores e hilos de muchas fibras. Cargando cestas repletas, visitaron otra vez al sabio.

Ante él, abrieron los géneros de seda y las finas piezas de damasco, cortaron amplios cuadros de terciopelo a los que añadieron rectángulos de satín. Lentamente, fueron recreando en largas vestiduras los campos arados, el vivo verde de los campos en primavera, el colorido abanico de la germinación. Y mezclaron hilos de oro al amarillo de los trigales, hilos de plata a la urdimbre de las lluvias, hasta llegar al blanco brillante de la nieve. Los suntuosos ropajes se extendían como mantos. El sabio nada dijo.

Sólo uno, muy joven, no había hecho su vestido. Esperaba que el algodón estuviera en flor, para recogerlo. Y cuando tuvo los copos, los hiló. Y cuando tuvo los hilos, los tejió. Y al fin, vistió su ropa blanca y se fue a cultivar el campo.

Aró y plantó. Muchas y muchas veces se manchó de tierra. Y del zumo de las frutas y de la savia de las plantas. La ropa ya no era blanca, aunque la lavase en el arroyo. Plantó y cosechó. La ropa empezó a deshacerse en jirones. El jovencito unió las rasgaduras con hilos de lana, cosió remiendos donde la tela cedía. Y cuando vino la nieve, puso a su ropa gruesas mangas para darse calor.

Ahora la ropa del joven tenía tantos añadijos que nadie podría decir cómo había sido cuando nueva. Y estando al aire libre una mañana, con los pies bien asentados sobre la tierra para recibir la primavera, un pájaro lo confundió con el campo y vino a posarse en su hombro. Picoteó levemente la tela, sacudió las plumas. Después, levantó la cabeza y comenzó a cantar.

A lo lejos, el sabio que todo lo veía sonrió.

De ardiente corazón

Habría sido una baraja como todas si no fuera por aquella reina de copas. Corona en la cabeza, manto de armiño cruzado sobre el pecho, rojas mangas, y en la mano una flor –¿amapola o rosa?– que los dedos empuñaban como un cetro. Sin un gesto. Y con una única e inmutable sonrisa.

Aunque inmóvil, ¡cuántos amores provocaba, y cómo ardía su corazón! Todas las sotas de la baraja la anhelaban. Y los reyes, más que anhelarla, hervían de pasión, y se amenazaban unos a otros con la espada erguida y los labios apretados sobre los rizos de la barba.

Sonriendo con tal constancia, la reina parecía incapaz de sufrir. Y, sin embargo, un sufrimiento la habitaba. Un sufrimiento de celos que le subía desde la cintura, en la exacta frontera en que su cuerpo terminaba, y comenzaba el de la Otra.

Para bien decir, las dos nacían de aquella línea divisoria, aunque en opuestas direcciones. El final del manto de la una daba inicio al manto de la otra, los pliegues del vestido de la una morían en los pliegues del vestido de la otra. Y de la cintura hacia arriba, se repetían iguales el mismo armiño cruzado sobre el pecho, las mismas mangas rojas, el mismo rostro, idéntica sonrisa. Y aquella flor, rosa o amapola, presa en la mano como un cetro.

Pero las dos ignoraban esa igualdad, porque, unidas por el medio y cada una hacia un lado, nunca se habían visto.

De la Otra, la reina intuía apenas que ocupaba la mitad de su espacio. Y que, como ella, obedecía al destino del naipe, amando y siendo amada sin descanso. Era más que suficiente para hacerla sufrir. Pues, en la reducida población de la baraja, luchaban por los mismos hombres.

Los mismos, pero no siempre al mismo tiempo. Podía suceder que, mientras la reina de arriba enviaba el perfume de su flor al garboso rey de espadas, la reina de abajo soplaba sus pétalos en dirección a la pálida sota de bastos. Presas por la cintura, no tenían modo de separarse. Y siempre que alguien barajaba las cartas, luchaba una para quedar al lado de su amado, intentaba la otra tener como vecino a aquel que habitaba su corazón.

Toda la baraja seguía esas disputas. Vibraban las cortes de las escaleras, cada cual apoyando a su señora. Se agitaban las ternas. Se erizaban los pares. Sotas y reyes se retaban a un gran torneo de amor. Y al fondo, divertidos, irrumpían en carcajadas los comodines.

Empeñada en su juego, sin embargo, la baraja ya no respetaba el de los jugadores. Las cartas se apelmazaban entre las manos, se unían, surgían en desorden, se rehusaban a ser separadas. La desobediencia era flagrante, no era posible ya confiar en ellas. El juego se volvía imposible.

No pasó mucho tiempo antes de que nadie quisiera utilizarlas. Alguien trató aún de agruparlas en solitarios. Pero tampoco esa estrategia dio resultado. Y fueron arrinconadas por fin en el fondo de una gaveta.

Tedio y oscuridad. Apiladas en el orden en que habían sido puestas, las cartas suspiraban recordando su ardiente pasado. Pero sólo el roer de las polillas hacía eco a sus suspiros.

Tedio durante un largo, largo tiempo. Y he aquí que un día alguien abre la gaveta y saca la baraja.

Convocadas por la luz, y aunque todavía soñolientas, las cartas quieren entrar cuanto antes en acción. Pero algo distinto sucede. Nadie las baraja, nadie las separa por naipes ni las reparte. Así como estaban, son depositadas en el tapete, casi tiradas. Y unos dedos gordezuelos, olorosos a caramelo, dedos de uñas pequeñas y algo sucias, alzan la primera carta.

Es una sota. Que se ve colocada sobre la mesa, peligrosamente inclinada hacia el frente. Un as cae luego junto a él, también recostado. Los pares se ubican encima, verticales. Al lado, un cuatro y un tres, en la misma posición. Encima, un rey horizontal, sirviendo de techo. Después, otras parejas, otro techo. Y otras. Y otros.

Construido como una armazón hecha sólo de ventanas, todo ángulos y equilibrio, lentamente crece sobre el tapete un castillo.

Las cartas, divertidas, se descubren a la vez paredes y moradoras de una transparente arquitectura. Y ya vamos por el tercer piso del castillo, cuando la mano infantil esgrime las reinas de rojo corazón.

Suspenso en la baraja. Reyes y sotas contienen el aliento. Las que aún están en el tapete miran hacia arriba. Las que están de pie miran a los lados. Y así, en plena expectativa, cada carta, helada de súbito espanto, ve lo inesperado. Los deditos gordezuelos colocan las reinas en la mitad, doblándoles la cintura en ángulo recto.

Y helas allí, frente a frente por vez primera. La reina de arriba y la reina de abajo se miran, se examinan sin descuidar detalle. El mismo corte del cabello, la misma gola alzada, la misma amapola –¿o será rosa?– abriéndose en la mano. Iguales todos los pormenores. Igual el conjunto. Igual, exactamente igual la una a la otra.

Sonríe la reina de encima su eterna sonrisa, esta vez dirigida a la reina de abajo. Sonríe la reina de abajo su sonrisa idéntica, esta vez dedicada a la reina de encima. Y las dos sonríen como jamás sonrieran. Porque al mirarse, comprenden que así dobladas no existe ya la de arriba, ni la de abajo, sino apenas una reina, repetida en la otra como en un espejo.

Contagiados por aquellas sonrisas, relucen de contento los oros, se estremecen los bastos, tiemblan las espadas, palpitan las copas. Toda la baraja vibra. Y la vibración inunda el castillo, que ondea, oscila, se inclina, vacila, se desliza. Y por fin, sin estruendo, se viene abajo.

Sotas y reyes, tendidos sobre el tapete en medio de las otras cartas, miran esperanzados a su alrededor. Y en cada mirada late la misma pregunta: "¿Será que la suerte me hizo caer al lado de la reina?".

En el dorso de la honda duna

El sol cruzaba lento por el cielo. Y abajo, muy abajo, un emir cruzaba el desierto con su caravana. La claridad los cubría como un sueño. Pero de repente, a través de los párpados apretados, el emir vio que se recortaba en el dorso de la duna la silueta de un hombre. De un hombre y una cabra.

Que se detuviera la caravana, ordenó el emir. Un hombre solo en el desierto es un hombre muerto.

—Pero no estoy solo, noble señor—respondió el hombre cuando fue llevado a la presencia del emir.

Y este, juzgando que una cabra no es suficiente compañía cuando se está en medio de las arenas, consultó el fondo de su corazón. Sin duda, era aquel un hombre santo que vagaba en penitencia, y tenía la compañía de su fe.

Aun así, lo invitó a proseguir su viaje con ellos. Y ante su negativa, ordenó que se le dieran algunos panes y un odre de agua. Después, la caravana partió.

El hombre ajustó su turbante, se cubrió la boca con el reborde de la tela, y reinició su marcha, acompañado por la cabra.

El sol había hecho su curso muchas veces y estaba al otro lado de la tierra, cuando una tropa de jinetes estuvo a punto de pisotear al hombre, que dormía con la cabeza apoyada en el vientre de la cabra. El primer jinete, con un golpe de las riendas, frenó su cabalgadura y saltó a tierra. El hombre despertó asustado. La tropa entera se detuvo.

–Un hombre solo entre las dunas es un hombre inútil –dijo el jinete, que comandaba una banda de piratas del desierto. Y lo invitó a unirse a ellos.

Pero cuando el hombre rehusó la oferta, agregando que ciertamente era un inútil aunque no estuviera solo, el jefe de los piratas pensó que se burlaba de él, y lo hizo azotar. Sin demora y sin ruido, pues los cascos no resuenan en la arena, la banda partió.

Ya las heridas de la azotaina habían cicatrizado cuando una caravana de peregrinos se cruzó en su camino. Y así como él recibió con muestras de placer su llegada, también los peregrinos vieron en aquel hombre y su cabra una señal propicia, y decidieron acampar a su lado en el dorso de la duna.

Armadas la tiendas, encendidos los fuegos, el jefe de la caravana convidó a comer al hombre. Los peregrinos se sentaron en círculo, la comida pasó de mano en mano. Sólo cuando hubieron terminado, el viejo preguntó al hombre qué estaba haciendo en el desierto.

No se ponía aún el sol, no surgía aún la luna, cuando el hombre empezó a contar.

Había sido un hombre próspero, en un próspera ciudad, una ciudad que con sus minaretes y muros surgía en medio del desierto. Marido de una buena esposa, padre justo y amante, tenía siempre granos en su despensa, y la higuera de su huerta daba frutos cada año. Un día, atendiendo a sus negocios, había emprendido un largo viaje. Y al regresar, no halló casa ni ciudad. Tras mucho indagar, comprendió que el desierto, llevado por la ventisca, había arrasado los muros, engullendo los minaretes, las casas y la higuera. Toda su vida estaba debajo de la arena. Pero ¿en qué lugar exacto? Y se había dedicado a buscarlo.

—¿Por eso vagas hasta hoy por el desierto? —preguntó el viejo jefe de la caravana.

Los dientes del hombre brillaron a la luz de la luna que ya alumbraba en el cielo.

—Vago porque aún soy morador de mi ciudad —respondió. Inclinándose, pegó el oído a la arena, y permaneció atento por espacio de algunos minutos—. Hace mucho que la encontré —dijo al fin, irguiéndose.

Sonrió de nuevo. En el vientre de aquella duna, bajo la caravana acampada, estaban los minaretes, las casas, la higuera, estaban sus hijos y su mujer. Y él podía oírlos a distancia. A través de la arena que los separaba, podía escuchar los gritos de los pregones, los cantos de los muecines, las risas de su mujer y de sus hijos, que ciertamente habían crecido.

–Camino para eso. Para estar siempre encima de ellos. Para escuchar su vida.

–Las dunas –agregó– vagan por el desierto. Y yo hago lo mismo, acompañando siempre la mía.

Poco faltaba para el amanecer. Con el alba, los peregrinos partieron.

Pero el viento había oído el relato del hombre. Y la siguiente caravana que por allí pasó no encontró ya su rastro. La duna, soplada grano a grano, había erguido su cresta, cubriendo al hombre y su cabra, como antes cubriera muros y minaretes. Y abriéndoles camino, lentamente, hasta su vientre.

Por una mirada

No le gustaba estar en compañía. Pero sufría con la soledad. Así, para evitar la presencia de las personas, siempre más ruidosas e imprevisibles de lo que podía soportar, y huyendo a la vez de la hueca inmensidad de salas y salones, aquel príncipe había hecho pintar en las paredes de su palacio escenas llenas de personajes, y con ellos se acompañaba.

Si el día parecía arrastrarse más lento que de costumbre, trayendo consigo un rastro de tedio, el príncipe buscaba las largas galerías donde, de extremo a extremo, desde el suelo hasta el techo, se llevaba a cabo una cacería. Ágiles y nerviosas persecuciones ocupaban entonces su tiempo. Se empinaban los caballos pintados, huían a grandes saltos los ciervos, los perros se abalanzaban sobre jabalíes, y bandadas de pájaros cruzaban el cielo mientras, desde los arcos tensos, los flechas buscaban un blanco de carnes palpitantes.

Si era la noche la que se alargaba, casi robando horas al amanecer, el príncipe se dirigía al gran salón. Allí, pintados en los trechos de pared que robaban espacio a altísimos espejos, damas y caballeros danzaban, conversaban, bebían en finas copas. Y las superficies espejeantes multiplicaban las figuras, tornando más reales los pálidos rostros, los ricos trajes que brillaban a la luz de mil velas encendidas.

Para entretenerlo en cualquier circunstancia y ocasión, las alegrías del mundo habían sido representadas también en las habitaciones, salas y corredores, buscando distraer la soledad del príncipe sin que nunca verdaderas presencias vinieran a perturbar su fragilidad.

Entre tantos espacios, sin embargo, el que visitaba con más frecuencia era la sala de los mancebos. Allí, jóvenes nobles parecían conversar altivos en la esquina de una plaza, con puñales en la cintura, erguidos los rostros, de perfil algunos, frente al paisaje otros, mostrando las frentes enmarcadas por rizos, los cuerpos moldeados por los pliegues de los ropajes. Tan bien se sentía el príncipe entre sus iguales, que a veces se pegaba a la pared, como si hiciera parte de ella, y permanecía así durante horas, participando él también de aquellas conversaciones inaudibles.

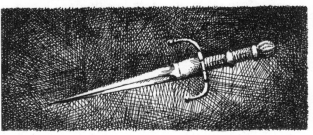

Placer igual no encontraba en la sala de las doncellas. Más que extraño, se sentía indiscreto entre aquellas jóvenes que charlaban y bordaban en los grandes bastidores. Los gestos delicados, las manos pequeñas, el largo flamear de las sayas no eran para él. Percibía en las miradas oblicuas y en los rostros inclinados un eco de confidencias que no lo incluía. Además, por alguna razón que se le escapaba, ninguna de esas doncellas le parecía digna de atención. Algunas se le antojaban muy pálidas, muy rubicundas otras, unas muy flacas, otras altas en exceso, o de cabellos espigados o de pies demasiado grandes. Así pues, trasponía la puerta, echaba una rápida ojeada y seguía su camino.

Habría conservado inalterable esa rutina impuesta por sus preferencias, de no haber sido porque una mañana, queriendo agasajarlo con motivo de su cumpleaños, el pintor de la corte decoró para él una nueva sala. La sala del puente.

En la pared opuesta a la entrada, justo en el centro, se apreciaba un puente de arco sobre un canal con cisnes. A un lado, prolongándose en la pared de la izquierda, charlaban las mozas. Al otro, ocupando la pared derecha, se exhibían los jóvenes. Y a lo lejos, verdeaban los montes.

A partir de ese día, esa sala fue su favorita. Diariamente la visitaba. Se unía al grupo de los jóvenes, rivalizando con ellos en belleza e hidalguía. Imitaba sus gestos. Y si no imitaba sus trajes, era sólo porque en su propio guardarropa se había inspirado el pintor.

No pasó mucho tiempo antes de que, como ellos, dirigiera sus miradas al grupo de las mozas.

Y, entre las demás, la vio. No fue algo inmediato, casi encubierta como estaba por los hombros de una y el brazo erguido de otra. Pero su rostro era de un óvalo tan gentil, y tan luminosa su piel, que después de haberla visto no vio ya a ninguna más.

¿Cuál sería el nombre de aquella doncella?, se preguntaba, contemplando arrobado el fino gesto de sus manos. Y con sus ojos, recorría la línea más clara que dividía sus cabellos, las suaves ondas que le bajaban por los hombros. ¿Qué edad tendría?

No pasaba una mañana sin que el príncipe visitara la sala del puente. Ni transcurría una hora sin que volviera a mirar a la joven. Y a cada visita, más y más crecía su deseo de ser mirado por ella.

Pero ella, ¡ah! ella no lo miraba.

Buscaba afanoso el príncipe el modo de atraer su mirar. Pero, por más que hiciera, no lograba arrancarlo del punto en que parecía estar clavado. Un punto preciso, pero de difícil ubicación, situado tal vez atrás de él o hacia un lado, entre los jóvenes.

Pacientemente, desplazándose un poco cada día y estudiando aquellos ojos que lo ignoraban, procuró colocarse en la justa dirección.

Se acercó más al grupo de mozos. Pero sintió que no era ese aún el lugar. Retrocedió. Continuaba, sin embargo, fuera del radio de visión de la joven. Dio otro paso hacia atrás, luego otro a la derecha. Quiso continuar. Y entonces, cuando ya su cuerpo se movía en busca del punto exacto, advirtió, con una súbita punzada en el pecho, que el joven que tenía a su lado miraba directamente a la moza. Y que era a él, a ese hombre de rostro duro y afilada barba a quien ella contemplaba, lanzando su mirada por entre sus compañeras y por encima del río.

Qué nuevo aquel sufrimiento, y sin embargo ya tan largo. De dientes apretados, el príncipe no vaciló. Dio un paso al frente, y se antepuso al rival.

Ahora, interceptando el mirar que tanto había buscado, era él y sólo él el destino de aquellos ojos.

En la pared opuesta, más allá del puente, la moza entre otras mozas pareció sonreír. Y él, único príncipe entre los jóvenes, ciertamente sonrió. Pero tras él, había un rival de duro rostro. Y en el preciso momento en que la mirada de la joven, aquella mirada de almizcle y miel, se posó en sus ojos como un beso, el príncipe sintió que la lámina de un puñal se clavaba en su espalda. Nublada su visión, la sangre le subió en borbotones a la boca, cálida como las palabras que estaba a punto de decir.

Debajo de la piel, la luna

Llegado el tiempo, una joven se hizo mujer. Pero una mujer distinta de las otras. ¡Tan clara su piel! Y por debajo de esa piel, venida de la propia carne, una luminosidad que afloraba en ciertos días, y en los siguientes se intensificaba, día a día, luz a luz, hasta alcanzar el esplendor de muchas llamas frías, de muchas inmóviles estrellas. Entonces, los cabellos de la mujer se hacían más densos, leche goteaba de sus senos, y las jofainas y las tinas de su casa desbordaban.

Aquella mujer tenía la luna debajo de la piel.

Y estando una tarde a la puerta de su casa, cuando ya el sol se ponía, fue divisada por el hombre más rico de la región, que pasaba a caballo.

Él nunca había encontrado una mujer como aquella, más semejante a las perlas que a las otras mujeres. Y de inmediato, quiso desposarla.

En la oscuridad del cuarto nupcial, sin embargo, el hombre advirtió con asombro que la piel de su esposa no era ocultada por las tinieblas sino que, al contrario, se destacaba aún más pálida que el día de su primer encuentro. Y con el paso de las noches, su sorpresa se tornó en espanto, mientras la mujer se hacía más y más clara, iluminando al principio las superficies próximas, y derramando luego su luminosidad de plata por todo el cuarto.

"Esa mujer", pensó el hombre lleno de desconfianza, "terminará brillando más con su luz que yo con mi dinero".

Sin demora, alegando que ella refulgía sólo con la intención de impedirle dormir, y que lo llevaría a la muerte, deshizo el casamiento.

De nuevo en casa, la mujer que guardaba la luna bajo la piel iluminó su soledad durante algún tiempo. Pero al cabo de los días, la luz recorrió en dirección opuesta los mismos caminos que la habían traído, recogiéndose a la oscuridad del cuerpo, y dejando a la mujer apagada y lista para largos sueños.

Pronto pasó su tiempo de reposo. Y una noche, prudentemente cerradas las ventanas para que su luz no perturbara las penumbras ajenas, fue divisada por un ladrón que pasaba frente al muro.

Era apenas una hendija, que dejaba filtrar la luz por entre los postigos. Pero bastó aquel mínimo rayo para llamar la atención del ladrón. Se acercó furtivo, espió el interior. Y ahí estaba la mujer, alumbrando.

"¡Qué buen dinero podría lograr con ella, exhibiendola en las ferias!", pensó, parpadeando con sus ojos de gato.

Esperó que se acostara, que estuviera dormida. Forzó entonces la cerradura, abrió la puerta, entró con pasos leves y, tras cubrir a la mujer con una capa negra, salió cargándola en la oscuridad.

Vivía en una cabaña lejos de allí. Al llegar, ató a la mujer a una pata de la mesa, se echó en la cama y comenzó a roncar. Roncó lo que quedaba de la noche, roncó todo el día siguiente. Sólo despertó al anochecer, hora en que los ladrones trabajan. Y salió, no sin antes avisar a la cautiva que cuando hubiera robado dinero suficiente para comprar un caballo, un coche y algunas ropas vistosas iría a exhibirla en las ferias.

Regresó muy de mañana con los bolsillos llenos y algo de comida. Sin decir palabra, se tendió en el lecho y empezó a roncar. Lo mismo sucedió los siguientes días. Así, durmiendo con el sol y marchándose al oscurecer, el ladrón no advirtió que la luz de la mujer perdía poco a poco la intensidad que habría de hacerlo rico. Y la noche en que por fin, habiendo reunido el dinero necesario, resolvió quedarse en casa, encontró una mujer igual a cualquier otra, sin brillo alguno, sólo un poco más pálida que las demás. ¿Quién iría a pagar en la feria por ver una mujer sólo un poco pálida?

Furioso, deshizo las ligaduras y sacó a empujones a su prisionera.

Y ahí estaba, de nuevo en casa, la mujer que tenía la luna bajo su piel. Apagada y soñolienta. Pero no por mucho tiempo.

Esta vez, cuando las tinas empezaron a desbordarse y la cabellera se derramó, plena, ella no esperó siquiera la puesta del sol: trancó bien la puerta, cerró bien cerrados los postigos de las ventanas, tapó las hendijas. ¡Que nadie la viera!

No sabía que encima, por entre las tejas, la luz se escapaba, denunciándola.

Todo era sueño alrededor, cuando alguien llamó a la puerta.

La mujer se levantó, cautelosa. Abrió un postigo.

Frente a ella, un corcel negro. Y en lo alto de la silla, envuelta en un manto tan oscuro que apenas si se distinguían sus contornos, una dama.

Aun antes de que la mujer cruzara el umbral, su piel tembló sobre la luna, su luminosidad ondeó como un reflejo de lago. Y ella supo quién venía a buscarla.

El corcel sacudió la crin, impaciente. La dama se inclinó, llamándola. Sin volverse para mirar su casa, la mujer tendió la mano, y montó en el caballo de la Noche.

Eran tres, y un precipicio

Un camino en el campo, algunos arbustos, un sol alto en el cielo. Y en aquel camino, dos mendigos ciegos esperando el paso improbable de alguien caritativo, capaz de poner en sus manos una moneda.

Así estaban, entre pasos y suspiros, cuando en el silencio del campo oyeron un cacareo de gallina.

¿Una gallina a la orilla del camino? Se sorprendieron. Pero otro cacareo surcó el aire. Ya no había duda, era una gallina. Siguiendo el sonido, a tientas, uno de los ciegos descubrió el nido entre los arbustos, el otro ciego sintió las plumas que lo rozaban en su fuga. Y juntos, embarullándose los dedos, tocaron un huevo, dos huevos, tres huevos frescos. Era un tesoro por triplicado.

La primera idea fue comérselos allí mismo. No obstante, la segunda les dijo que eso equivalía a desperdiciar el hallazgo. Y, venciendo el hambre, decidieron que sería mejor venderlos en el mercado. El más viejo se quitó el gorro de lana, envolvió en él los huevos, guardó el envoltorio bajo la casaca y la camisa, junto al pecho. Después, se dieron vuelta para iniciar el viaje.

Pero uno se dirigió a la izquierda y el otro a la derecha. Y ambos comprendieron que no sabían hacia dónde quedaba el mercado.
—¡Preguntaremos!— exclamaron llenos de determinación. Y siguieron su marcha.

Caminaron. Caminaron. Iban por el medio del sendero, cuando uno de los ciegos tropezó de repente, casi empujando al otro. Había chocado con una cabra que venía en dirección opuesta. Una cabra sujeta a una cuerda. Una cuerda asida por un hombre. Un hombre ciego, mendigo, que esperaba el paso improbable de alguien caritativo, capaz de ponerle una moneda en la mano.

—¿Por qué no viene al mercado con nosotros? —preguntaron los otros dos, después de algunos minutos de charla. Y sugirieron luego que podría vender la leche de la cabra. O, quién sabe, hasta la misma cabra.

La cabra, dijo el ciego, no podía venderla.
—Es mi guía —explicó con una sonrisa de pocos dientes—. Pero la leche...

Así, ahora había un camino en el campo, una cabra remolcando a tres ciegos, y un sol casi de mediodía en el cielo.

Caminaron. Caminaron. Y al fin llegaron a una encrucijada de donde salía un atajo estrecho. Fue en ese atajo donde, movida por el deseo de una grama más verde (o por sus sospechas respecto a las intenciones de sus nuevos dueños), la cabra se desvió. Y tras ella se desviaron el ciego que retenía la cuerda, el otro ciego que apoyaba la mano en su hombro, y el tercer ciego que se aferraba al cinturón de este. Y los tres creían marchar en la dirección del mercado.

Muy pronto, el calor y las exigencias del estómago anunciaron el mediodía a los tres compañeros. Era hora de parar. Buscaron una sombra, y sin advertir que se habían abrigado junto a una casa, se sentaron. El dueño de la cabra sacó una cebolla de su bolso de cuero, el más viejo sacó un pan de su alforja, el más joven desprendió la botella que traía presa a la cintura. Repartiéndose todo, como si mucho tuviesen, comieron y bebieron. Después, se reclinaron y, sin que les fuera preciso cerrar los ojos, se adormecieron.

En la casa no había nadie. Los dueños habían ido temprano al mercado, llevando algunos animales para vender. El cabrito no, pues aún era muy pequeño. Tan pequeño que cuando vio la cabra pastando suelta, baló, meneó su cola, y se aproximó saludándola con leves tustazos. Y no quiso ya apartarse de su lado.

El primer ciego despertó. El segundo ciego despertó. El tercer ciego despertó. Para percibir que todos estaban despiertos, fue preciso que uno bostezara, el otro se rascara y el tercero oyera a los otros dos.

Caminando rápido, observó el más viejo, podrían llegar al mercado antes del anochecer. Y el dueño de la cabra, todavía andando a gatas, se apresuró a buscarla. Llamó, tanteó en la grama, encontró la punta de la cuerda, la tomó con firmeza. Después, ya erguido, le dio un buen tirón para alertar a su guía y, sintiendo que avanzaba, la siguió obediente.

Pensaba el pobre que seguía tras la cabra. La verdad es que seguía tras una vaca que los dueños habían dejado pastando, y cuya cuerda había cogido por error. Quien acompañaba a la cabra era el otro ciego, el más joven, que había dado con la cuerda verdadera. Y junto a la cabra, a la vanguardia, trotaba el cabrito.

En el camino, una vaca, una cabra, un cabrito, tres ciegos. Y el sol que empezaba a descender.

Caminaron. Caminaron. Y caminando, se preguntaron cuánto distaría el mercado, sin advertir que en su dirección avanzaba, a caballo, un salteador. El salteador, ese sí, advirtió su presencia desde lejos. Y los vio fáciles de engañar, dueños de un lote de animales que podría vender a buen precio.

–Señor –preguntó el primer ciego al oír el ruido de los cascos–, ¿podría informarnos cuánto falta para llegar al mercado?

–Ah, buen hombre, mucho me gustaría hacerlo –respondió con voz quejosa el astuto–, pues hacia allá me dirijo. Pero soy ciego.

Quien conoce el camino es este caballo que me lleva.

Como había previsto, los tres creyeron haber encontrado un semejante. Y habiendo este propuesto que siguieran juntos la marcha, cayeron confiados en el lazo, seguros de que el caballo habría de llevarlos a buen puerto. No podían imaginar que el salteador los conducía hacia un precipicio, de cuya cima planeaba lanzarlos para apoderarse de sus animales.

Caminaron un largo trecho, hasta llegar a un sitio en que la campiña parecía terminar en la nada. Alegando cansancio, el salteador sugirió una breve pausa. Y antes de que los otros pudieran sentarse, se apeó, avanzando rápido hacia el primer ciego, con el propósito de empujarlo. Aquella rapidez fue su perdición.

Pues el ciego, percibiendo por el ruido la cercanía del hombre, e ignorando sus intenciones, dio dos pasos en su dirección, tropezó con el cabrito que se había interpuesto entre los dos, y cayó al frente con los brazos extendidos. Las manos abiertas, sólo las manos, se apoyaron en el pecho del salteador. Y este perdió el equilibrio, trastabilló, arañó el aire, tratando de aferrarse a algo y, agitando las piernas, se despeñó en el abismo.

—Señor —llamó el ciego queriendo disculparse por el encontronazo. Y sorprendido con el silencio, repitió el llamado sin obtener respuesta.

—¡Señoooor! —llamaron después de algunos minutos los otros dos, en voz más alta. Inútil. El señor no respondió.

Qué hombre más extraño, comentaron los tres. Tal vez se molestó por ese tropezoncito de nada, y se fue sin decir palabra. Pero ellos, ahora, ¿qué harían?

Y allí estaban los tres con sus animales al borde del precipicio, pensando qué dirección tomar, cuando el caballo relinchó.

—¡El caballo! —exclamaron aliviados. Él conocía el camino del mercado. Él los llevaría. Y, aunque sin entender por qué su dueño se había ido a pie, uno tras otro montaron a su grupa.

Y allá se fueron los tres ciegos, con caballo, vaca, cabra y cabrito, sin saber que la noche se aproximaba. Y que no seguían la dirección correcta. Pues el caballo, sintiéndose espoleado por aquellos seis huesudos calcañares, y viendo que la tarde se acababa, había tomado el único camino que realmente conocía. El camino a casa.

Era ya de noche cuando llegaron. El caballo se detuvo, los tres ciegos se apearon. Silencio alrededor. Así de tranquilo no podía ser el mercado. ¿Dónde estarían? Esperaron inmóviles, batieron palmas, llamaron. Esperaron un poco más. Empezaba a hacer frío. Era preciso buscar abrigo. Avanzaron con cuidado, en fila, a tientas. El de adelante encontró la casa del salteador. Todos a una empujaron la puerta mal cerrada, entraron, advirtieron

que estaba vacía, y se alegraron de haber encontrado una casa sin dueño.

Poco a poco, escudriñando muebles y rincones, hallaron comida, leña para encender el fuego, una botella de vino. Y un cuenco de barro. Trataron de meter la mano por la boca del tiesto, para ver qué contenía. Era demasiado estrecha. Quisieron levantarlo, era muy pesado. Y tras mucho balancear, sacudir y empujar, el cuenco cayó al piso con estruendo, y con un tintineo, un tintineo tan alegre que sólo podía deberse a monedas.

Las contaron una por una, apilándolas. Y cuando por fin acabaron de contar, la decisión de los tres estaba tomada. Ahora que tenían casa, comida, dinero, una vaca, una cabra, un cabrito y un caballo, ¿para qué ir al mercado? Nada necesitaban ya. Ni el mercado, ni cosa alguna. Con lo que la suerte les había dado, podían vivir juntos muy bien, y por mucho tiempo.

Grande era la suerte de los tres. Pero iba a ser todavía mayor.

Una vez decidida su nueva vida, recordaron los huevos que habían dado inicio a toda la historia, y decidieron celebrar con una buena comilona. Encendieron el fuego. El más viejo sacó de su camisa el envoltorio, sintió los huevos todavía frescos. Iba a quebrar el primero en la sartén, cuando advirtió que la cáscara empezaba a rajarse sola. Aquellos huevos, que habían encontrado a medio empollar en el nido, gracias al calor del pecho, del sol y de la caminada, estaban a punto de abrirse. Se abrió el primero, liberando un pichón todavía húmedo. Se abrió el segundo. El tercero se abrió. Tres pollitos piaron sobre la mesa. En respuesta, relinchó el caballo, mugió la vaca, balaron la cabra y el cabrito. Y rieron, rieron de contento los tres ciegos.

Sin alas, no obstante

Dura aldea era aquella, donde a las mujeres les estaba vedado comer carne de ave: no fuera que las alas se les subiesen al pensamiento. Dura aldea era aquella donde, a pesar de la prohibición, al regreso de la cacería y sin haber podido cobrar otra pieza, el marido entregó a su mujer un ave, para que la preparara debidamente y fuera esa noche el alimento de los dos.

Y así lo hizo la mujer, hundiendo los dedos en las plumas todavía brillantes, arrancándolas a puñados, y entregando al agua y al fuego aquel cuerpo ahora muerto, que no al fuego ni al agua, sino al aire y a la tierra había pertenecido.

Si deteniendo su labor un instante hubiera puesto sus ojos en la ventana, habría podido ver una bandada de aquellas mismas aves, volando hacia el sur. Pero ella sólo miraba las cosas cuando le era preciso mirarlas. Y como no necesitaba mirar el cielo, no irguió la cabeza.

Cocida la carne del ave, se dio gusto engullendo las presas casi sin masticarlas, clavó los dientes en los huesos, chupó el tuétano. El marido no. Le repugnó aquella carne tan oscura. Se limitó pues a mojar el pan en el caldo, maldiciendo su escasa suerte de cazador.

Después de unos cuantos días, la mujer ni recordaba ya su insólito banquete. Otras carnes muy diferentes se asaban y freían en la cocina de su casa, una cocina que era por sí sola buena parte de la casa.

Pero una nueva inquietud empezó a asaltarla. Interrumpía de pronto sus quehaceres, algo que nunca antes hiciera. Breves pausas, casi nada. Un alzar el rostro, un vibrar de pestañas. Una especie de alerta. Respuesta del cuerpo a algún llamado que a duras penas oía. La aguja quedaba detenida en el aire, la cuchara suspensa sobre la olla, las manos hundidas en la tina. Y la cabeza, cabeza que ahora se movía con la finura que sólo un cuello más largo podría darle, parecía atravesar el aire.

Ahora, la mujer fijaba sus ojos en cosas que no necesitaba. Y miraba como si las necesitara.

Sólo por instantes, al principio. Luego, un poco más.

Sin darse prisas, miró primero al frente. Al frente de ella. Y al frente de lo que tenía frente a ella. Durante un tiempo posando la mirada en los muebles, en los pocos muebles de la casa y en los objetos que había sobre los muebles. Después, volando sobre los objetos, traspasando las paredes, miró a lo lejos en línea recta. Qué veía, no lo decía. Miraba, agitaba con un gesto suave la cabeza. Y volvía a bajarla. La aguja se posaba, la cuchara revolvía la olla, las manos se hundían en la tina.

Tal vez llevada por aquel breve sacudir de cabeza, comenzó a mirar a los lados. Miraba al lado izquierdo, hacía una pausa, inmóvil. Y luego, súbitamente, giraba hacia el lado derecho.

Nadie le preguntaba qué estaba mirando. La única mirada suya que parecía importar a los otros era la antigua, aquella del tiempo en que sólo miraba lo que era necesario.

Y así, un buen día, esa mujer a quien nadie miraba miró el cielo. Sin que hubiera llovido, o fuera a llover. Sin que lo surcaran relámpagos. Sin que hubiera incluso nubes o el tiempo fuese a cambiar, ella miró el cielo.

Qué fino y delicado se tornaba su cuello ahora que lo movía, grácil, como si guiara la cabeza en sus búsquedas. Era un cuello pálido, protegido de la luz por tantos años de cabeza baja. Y sobre ese cuello la cabeza parecía extenderse, mirando hacia arriba, con la misma recta intensidad con que había comenzado antes a ver muebles y paredes.

Miraba pues hacia lo alto, cuando una bandada de aves pasó sobre la casa, rumbo al sur.

Hacía mucho que las hojas se habían vestido de cobre, el suelo empezaba a hacerse duro con el frío. Y las aves de carne oscura seguían en dirección al sol.

De pie, la mujer miraba. Y así continuó hasta que las aves se perdieron en la distancia.

El viento batía los largos faldones de su saya, agitaba las alas rayadas de su chal. No, ella no voló. ¿Cómo podría? Salió caminando, apenas. Oscura como la tarde, acompañando su propio mirar, marchó hacia el frente, siempre hacia el frente, rumbo al sur.

Un cantar de mar y viento

Desplegaba la vela con los mismos gestos amplios con que otras abren el mantel sobre la mesa o la sábana en la cama. Vela blanca con una blanca luna bordada. Y así que oscurecía se hacía a la mar.

No llevaba redes ni anzuelos en su pequeño barco. Solamente cestos, grandes. Y en silencio, oscuridad adentro, navegaba hasta llegar al punto donde el mar es hondo como la noche.

Allí, recogida la vela, ondulando suavemente a la deriva, la joven pescadora se ponía a cantar.

Cantaba en voz baja, pero muy pronto, traídos por las mallas invisibles de su voz, los peces comenzaban a saltar fuera del agua en busca de su regazo, centelleantes estrellas que iban a perderse entre los pliegues de la falda, iluminando por breves instantes el fondo húmedo del barco.

Toda la noche cantaba la joven. Su primer silencio despertaba el sol. Era tiempo de volver, con la vela inflada.

Siempre, al arribar al pequeño puerto de la aldea, su pesca se revelaba mayor que la de los otros barcos. Desembarcaba cestos llenos, rebosantes, incluso cuando los demás no tenían que tomarse siquiera el trabajo de desembarcar sus cestos vacíos. El mar nunca era mezquino con ella. Mezquinas se hacían, sin embargo, las miradas de los otros pescadores.

Estando en el mar, una noche como muchas otras en que, para aliviar el barco ya repleto, ella cogía del fondo algunos peces y los devolvía a las aguas, sus ojos sorprendieron un brillo diferente. Entre tanta plata de escamas, un súbito rebrillar de oro. Removiendo los cuerpos lustrosos, buscó el pez que acababa de caer de su regazo y, con gran asombro, vio que traía un anillo en la boca.

Un anillo cincelado con ramos de flores, que sostenían una piedra verde. Un precioso anillo que a nadie podía devolver. Y un poco ancho para su mano delicada, pues sólo pudo colocarlo en el dedo del medio.

Aquella mañana, al llegar a puerto, la joven llevaba algo más que cestos llenos. En toda la aldea, el único brillo de oro era suyo. Y otro brillo, oscuro, se encendió en los ojos de los pescadores.

Sin percibirlo, ella siguió desplegando su vela al anochecer y recogiéndola de mañana, sintiéndose más alegre en el mar que en la tierra, teniendo como guía a las estrellas y su voz como compañera.

Hasta que pasado un tiempo, en una noche igual a las anteriores, otro centelleo de oro llamó su atención, y cuando tomó entre sus manos el último pez que había saltado a su regazo, vio, esta vez con menos asombro, que traía una llave en la boca.

Una llave primorosamente labrada. Una rica llave de oro, sin dueño ni cerradura. Una llave que la joven, tras desatar la cinta que se anudaba al pelo, colgó de su cuello.

Más aun que el anillo, la llave que pendía como un collar hirió las miradas de los otros pescadores. La envidia los unía. Murmurando entre ellos, oblicuos, maldiciendo el mar que sólo a la joven entregaba sus tesoros, decidieron arrojarla a las aguas, para que la guardaran sin jamás devolverla. Aserraron el mástil de su barco, lo suficiente apenas para que la llevara mar adentro antes de partirse con los vientos del amanecer. Y por primera vez, sonrieron al divisar en la oscuridad del puerto la vela blanca que se abría.

Como si obedeciese órdenes, el barco navegó toda la noche y, cuando la pescadora izó la vela para aprovechar el viento de la mañana, se partió con un crujido. Sin mástil, no había manera de regresar.

Ella podría haber llorado, y no lloró. Se limitó a sentarse en la borda, pensando que la vela que siempre le había garantizado la vida le serviría ahora de mortaja. Pero de pronto, sintió unos leves, levísimos pero continuos golpes en el casco, y advirtió atónita que navegaba en dirección a la tierra. Se inclinó un poco, para observar el agua, y comprendió. Peces, muchos peces de todos los tamaños, la empujaban.

Ninguna muestra de alegría hubo a su regreso. El disgusto de volver a verla aumentó el afán vengativo de los pescadores. Y aun antes de que el mástil fuera cambiado, aprovechando un momento en que no había nadie cerca de la embarcación, agujerearon el casco en varios sitios, y taparon los huecos con migas de pan disueltas en miel. Esta vez, ni siquiera sonrieron cuando el barco se hizo a la mar.

No se había alejado mucho del puerto cuando la pasta de pan se deshizo, ablandada por las olas, dejando entrar el agua a borbotones.

Ella podría haber gritado, tal fue su susto. No gritó. Trataba en vano de tapar uno que otro hueco con la falda o el chal, cuando notó que el agua ya no entraba a borbotones, o mejor, que ya no entraba ni una gota. Tanteando, comprendió. Los peces se habían metido en los agujeros, sellándolos con su propio cuerpo.

Esta vez no había nadie en el puerto al arribo de la joven, porque era noche cerrada. Pero a la mañana siguiente, doble fue la furia de los pescadores pues comprobaron que, desafiándolos a todos, el mar insistía en favorecerla. Cuando días después, reparado el casco, ella se hizo de nuevo a la mar, el timón había sido limado para que en cualquier momento se desprendiera y se hundiera en las aguas.

Lo supo la joven al ver que desaparecía en la profundidad azul, pero estaba en plena alta mar y de nada le servía ya saberlo. Sin timón, sería llevada por la corriente, tirada contra los arrecifes o calcinada por el sol.

Deseos de llorar no le faltaron. Pero antes de que tuviera tiempo de cumplirlos, un delfín se asomó a la superficie, se zambulló luego a un costado del barco, después al frente, y repitió varias veces la operación, siempre en torno de la nave, hasta que ella logró atar un cabo a proa y arrojarlo al agua. Y entonces, el delfín atrapó el cabo con su boca y empezó a remolcar.

Navegaron toda la noche; la joven en silencio para no aumentar el peso del barco, el delfín a su frente, con un brillo de mar y de luna. No amanecía aún cuando ella vio recortarse a lo lejos, sombra sobre sombras, la silueta de una isla. No marchaban, pues, hacia el puerto de la aldea.

Iban hacia una pequeña playa. Y allí el barco, abandonado al fin por el cetáceo y a merced de su propio impulso, encalló suavemente.

Arena lisa y clara, sin marcas. Una escalera de piedra que trepaba hacia lo alto, escondida entre flores. Jardines al rededor, floresta. Y, más que el alborear de la mañana, el canto de los pájaros anunciando el reinado del día.

La joven aseguró en su cintura el vuelo de la falda, y saltó. Con los pies en el agua, empujó el barco hasta la playa y ató con firmeza el cabo en una roca. Sólo después de asegurar así su único bien, se acercó a la escalera y comenzó a subir.

¡Cuántos escalones! Se distraía mirando el jardín, se detenía para aspirar el perfume de las flores. Ya en la cima, divisó al extremo de un gramado un pequeño palacio –o una gran villa–, y se detuvo frente a su puerta cerrada.

Llamó, primero suavemente, después más alto. Algunos pájaros revolotearon. Su voz se perdió entre los árboles. Nadie apareció. Batió con la pesada aldaba de bronce. Escuchó allá adentro el eco ahogado de los golpes. Pero ese eco fue la única respuesta.

Ya iba a retirarse cuando algo en la gran cerradura dorada llamó su atención. Miró con cuidado, tratando de recordar dónde había visto un diseño semejante. Y presa de súbito asombro reconoció el mismo fino trabajo de la llave que traía al cuello.

Desprendida de la cinta, la llave de oro giró con suavidad en la cerradura. Sin un solo crujido, la puerta se abrió. Y, no sin asomar antes la cabeza en prevención de algún peligro, la pescadora descalza avanzó lentamente sobre el mármol del suelo.

Un enorme vestíbulo, columnas, arcos y, tras los cortinajes de terciopelo, altas ventanas por donde entraba la primera luz de la mañana. ¿Dónde estarían los habitantes de esa casa? Un polvo fino recubría los muebles y los pisos, sin marcas de manos, sin huellas. Todo en orden, sin embargo. E inmerso en el silencio.

Atravesó el vestíbulo, entró en un salón, se sobresaltó al ver su imagen en los espejos. Las velas en los candelabros estaban consumidas y nadie las había cambiado. Penetró en otra sala, oscura, de cortinas cerradas, casi tropezó con una silla, distinguió en la penumbra un piano. Más allá de la puerta había luz. Caminó cuidadosa hasta allí. Y entonces, desde el umbral, antes incluso de contemplar el resto de la sala, lo vio.

Era el gran retrato de un hombre esbelto y joven, un hombre moreno. Allí estaba, de pie contra la pared, tan vívido como si lo viera llegar en ese instante desde alguna otra habitación. Y de pronto, sintió que su presencia ocupaba no solamente aquella sala, sino las otras por donde había pasado, y todas las salas y cuartos que intuía en aquella casa, todo mínimo rincón, invadiendo los jardines y descendiendo por la escalinata. Y aproximándose, percibió eso que de algún modo su corazón estaba tratando de decirle, y era que en la mano izquierda del hombre brillaba entre ramos de oro la piedra verde de un anillo, el mismo anillo que ella sentía, pesado y un poco ancho, rodeando su dedo medio.

Aquel día no pensó siquiera en partir. Permaneció por largo rato en la sala, frente al retrato. Después, vagó por la casa, cruzó el sombrío de magnolias del patio interior, buscó su propio rostro en la superficie oscura del estanque, y subió escalones, bajó escalones, fue a las cocinas, contempló los largos fregaderos, las centenas de platos apilados en los armarios. No había comida, ni rastro de ella. Hacía mucho que ninguna leña ardía en aquel fogón. Pero la higuera de junto a la puerta estaba llena de frutos, los higos al ser cortados escurrían miel, y ella se hartó de comerlos, y después bebió agua que recogía en la cuenca de sus manos. No osó utilizar alguna de las copas.

Finalmente, se sintió cansada. Pronto anochecería. Y habiendo entrado al azar en uno de los cuartos, se tendió en la cama y muy pronto se durmió.

Soñó con el joven del retrato. Fuera ya del cuadro, sentado frente a ella, pero con la misma camisa blanca que usaba en la tela, el mismo mirar sedoso, y una voz, una voz que era como un murmullo de mar, diciéndole cosas que ella no lograba entender pero que veía dibujarse en los labios rosados.

Despertó por la mañana. No había nadie junto a ella. Fue hasta la sala llena de libros. El joven seguía de pie, retenido en la moldura dorada. Pero su mirar le pareció tan vivaz como lo había visto en el sueño, y observando los labios, recordó su forma de moverse y deseó, mucho deseó, saber lo que habían dicho.

De nuevo, empleó casi todo el día en recorrer la casa, aunque volviendo una y otra vez a la sala del retrato. Y cuando la hora del hambre llegó, escogió un plato de porcelana y una delicada copa de cristal, y sentada a la gran mesa de mármol negro, comió las uvas aún tibias de sol que había cogido en la parra, y bebió el agua fresca que había ido a buscar en la fuente.

Por la noche, acostada en la cama, bajo el dosel, soñó que el joven entraba en el cuarto con el mismo paso que parecía anunciarse en el retrato, y que sentándose a su lado, le decía cosas que ella aún no entendía, pero que acariciaban, y con cuánta suavidad, su corazón.

No había nadie a su lado cuando despertó. Pero en la sala, mirando al joven del cuadro, comprendió que ahora sabía cómo caminaba. Y sus pasos la acompañaron mientras paseaba por los jardines, y cuando se detuvo ante los espejos del salón, con la esperanza de verlo junto a ella.

Aquel día pensó que era tiempo de reparar el barco, y partir. Pero luego se dijo que podría ocuparse de esto al día siguiente, después de que hubiera soñado una noche más con el joven, después de que hubiera comprendido eso que él quería decirle. Y comió granadas, inundando de rojo su plato, y en vez de agua, bebió vino de la bodega, tiñendo de sangre su copa.

Así, día tras día, la pescadora aplazaba su partida, alimentándose con las frutas que encontraba en el jardín, con los huevos que recogía en los nidos. Y cada mañana, anhelaba más intensamente la llegada de la noche, para recibir en su cuarto y en su sueño al joven del retrato, y dejar que las palabras indescifradas penetraran en su pecho, incendiándole el corazón.

El barco no había sido reparado, y el verano llegaba a su fin. Las frutas escaseaban.

Pronto, no hubo ya ninguna en el jardín que empezaba a amarillear. Fue preciso recurrir a las setas y buscar huevos entre los peñascos, junto a la playa. Desde lo alto, contemplaba el barco aún atado a la roca.

Ahora, a través de las altas ventanas, moviendo los cortinajes, el viento se quejaba. La casa se tornaba más y más fría. Pero en las noches, ella soñaba con el joven señor de aquellas salas, envuelto en un abrigo de pieles, que abría sus brazos para recibirla. Y ella se apretaba contra su pecho, sintiendo una tibieza nunca antes conocida.

Sabía, sin embargo, que era preciso reparar el barco. Con el feroz mar del invierno, jamás lograría alcanzar el puerto de su aldea. Y, llegado el día en que no hubo nada que poner en el plato de porcelana, ni razón alguna para sentarse a la mesa de mármol, el barco en la playa tenía ya un nuevo timón.

La joven pescadora recorrió las salas por última vez. Todas, menos la del retrato. Cerró la gran puerta de entrada, colgó la llave en su cuello. Y descendió la escalinata.

Sin darse el trabajo de recoger el borde de su falda, empujó el barco hasta el agua y saltó a bordo. De pie, sobre el casco que ondeaba nervioso sobre el mar encrespado, desplegó la vela blanca con la blanca luna bordada. Y se alejó lentamente de la isla.

Pronto se hizo de noche. Noche bajo las nubes negras, noche sobre el negro mar. Súbitos relámpagos. Y el helado alfanje del viento cortando el aire y la carne, hiriendo el casco que el timón a duras penas contenía, empapando de agua, encharcando de sal. Tan fría estaba la noche que, para calentarse, la pescadora comenzó a cantar. Hilo de voz en la tempestad, que a nadie llegaría. Pero, como si oyera el eco de su propia voz, una canción pareció llegar hasta ella en las alas del viento. Miró a su alrededor, se inclinó sobre las aguas. Y en la superficie, oscura como sus sueños, lo vio, vio al hombre del cuadro y de la noche, que le abría los brazos y el abrigo de espuma. Hundió en el mar su mano, tendiéndola hacia él. Sintió cómo se deslizaba el anillo de su dedo, sumergiéndose en el agua. Y entonces, ella misma se dejó deslizar, al encuentro de aquellos brazos, mientras el viento arropaba las palabras que él le decía, las exactas palabras que ella lograba por fin comprender.

Del tamaño de un hermano

Tenía un hermano pequeño, y a nadie más tenía. Hacía mucho tiempo, desde la muerte de sus padres, habitaban los dos solos en esa playa desierta, rodeada de montañas. Pescaban, cazaban, recogían frutos y se sentían felices.

En verdad, tan pequeño era el otro, apenas como la palma de su mano, que el mayor encontraba normal ocuparse él solo de todo. Pero atento siempre a la vigilancia de su hermano, delicado y único en su minúsculo tamaño.

Nada hacía sin llevarlo consigo. Si era día de pesca, allá se iban los dos mar adentro, el mayor metido en el agua hasta los muslos, el menor a caballo en su oreja, ambos inclinados sobre la transparencia del agua, esperando el momento en que el pez se acercaría y ¡zas! caería preso en la celada de sus manos.

Si se trataba de cazar, salían hacia el bosque, el pequeño acomodado a sus anchas en la alforja de cuero, el grande caminando a largos pasos por entre los arbustos, en busca de algún animal salvaje que les garantizara el almuerzo, o de frutas maduras y jugosas para calmar la sed.

Nada faltaba a los dos hermanos. Pero en las noches, sentados frente al fuego, recordaban el pasado, cuando sus padres aún estaban vivos. Y entonces, la casa entera parecía llenarse de vacío y, casi sin advertirlo, comenzaban a hablar de un mundo más allá de las montañas, preguntándose cómo sería, si estaría habitado, e imaginando la vida de aquellos habitantes.

De una en otra suposición, la charla se ampliaba con nuevas historias que se ligaban entre sí, prolongándose hasta la madrugada. Y, durante el día, los dos hermanos sólo pensaban en la llegada de la noche, hora en que habrían de sentarse junto al fuego a recrear ese mundo que ignoraban. Y la noche se fue haciendo mejor que el día, la imaginación más seductora que la realidad.

Hasta que una vez, ya cerca del amanecer, el pequeño dijo:

—¿Por qué no vamos?

Y el mayor se sorprendió de no haber pensado en algo tan evidente.

No tardaron mucho en los preparativos. Reunieron algunas provisiones, tomaron pieles para enfrentar el frío de las montañas, cerraron bien la puerta de entrada. Y se pusieron en camino.

Montado en la cabeza del hermano, asegurando con vigor las redes de su cabello, el pequeño se sentía tan valiente como si también él fuera alto y poderoso. Cabalgadura de su hermano, pisando con firmeza tierras cada vez más desconocidas, el mayor se sentía estremecer por dentro, como si también él fuera pequeño y delicado. Pero los dos cantaban sin cesar, estaban juntos, y aquella era su más linda aventura.

Después de algunos días de marcha, el suelo dejó de ser plano, y comenzó la cuesta de la montaña. Subieron por caminos abiertos mucho antes por los animales, inventaron atajos. Desde la cabeza del hermano, el pequeño indicaba los rumbos más fáciles. Y el grande se aferraba a las piedras, rodeaba zanjones, bordeaba precipicios. Cada día más frío, el viento les arañaba el rostro. Nubes densas cubrían su canto. Acampaban por la noche entre las rocas, envueltos en pieles. Y al amanecer, proseguían su lenta ascensión.

Tanto subieron que un día, de repente, no hubo ya modo de subir más. Habían llegado a la cima de la montaña. Y de allá arriba, extasiados, contemplaron por fin el otro lado del mundo.

Qué bonito era. Y tan diminuto, en la distancia, y tan limpio y bien dispuesto. Las colinas descendían, suaves, hasta los valles, y los valles sembrados de huertos y campos estaban salpicados de aldeas, con casitas y gentes muy pequeñas que se movían a lo lejos.

Alegres, los dos hermanos comenzaron a descender. Bajaron y bajaron, por caminos ahora más fáciles, trazados por otros pies humanos. Pero, curiosamente, por más que avanzaban, las casas y las personas no parecían crecer tanto como habían esperado. Ellos estaban cada vez más cerca, y los otros seguían siendo pequeños. Tan pequeños tal vez como el hermano que, desde su alto mirador, espiaba sorprendido.

Casi estaban llegando a la primera aldea, cuando oyeron un grito, y después otro, y vieron que todas aquellas personitas corrían a encerrarse en sus casas, cerrando luego tras de sí puertas y ventanas.

Sin entender cabalmente lo que sucedía, el hermano mayor depositó en el suelo al pequeño. Y este, viéndose por primera vez en un mundo de su tamaño, infló el pecho, irguió la cabeza y, pisando con determinación, se acercó a la casa más próxima. Llamó a la puerta, y esperó.

A través de la hendija que se abrió con cautela, dos ojos, exactamente a la altura de los suyos, espiaron. Silencio al otro lado de la puerta. Pero un segundo después, también las alas de la ventana se apartaron levemente, dando espacio a la vivaz curiosidad de otro par de ojos. Y en cada casa, se abrieron temblorosas otras hendijas, asomó tras ellas el destello de otras miradas. Al principio, recelosas, casi encogidas entre los hombros, después más osadas, estirándose, surgieron cabezas de hombres, de mujeres y de niños.

Cabezas pequeñas, todas minúsculas como la de su hermano, pensó el mayor, mientras trataba afanoso de comprender. No había nadie allí que fuera grande, nadie de su propio tamaño. Y sin duda sucedía lo mismo en las aldeas vecinas, en todas aquellas casas que él había creído pequeñas sólo a causa de la distancia.

El mundo, descubrió con súbito sobresalto al comprender por fin la realidad, estaba hecho a la medida de su hermano.

Entonces, vio que este, tras hablar con los habitantes de la casa, volvía hacia él tendiéndole la mano. El hermano, que siempre le pareciera tan frágil, lo llamaba ahora con dulce firmeza. Y él se inclinó hasta tocar su manecita, y se dejó guiar hasta las gentes de la aldea, frágil y único gigante en este mundo.

En la planicie, los castillos

Era un reino pequeño como un valle. Y, como un valle, rodeado de montañas. Altas. Altísimas.

En ese reino, distantes unos de otros pero no tanto que no se pudieran ver, se alzaban castillos. Altos. Altísimos. Casi torres. Cada castillo en la cima de un morro, cada morro tan corroído por el tiempo y el viento que no tenía ya laderas, sólo escarpas. Y tan improbable su acceso por los sendas estrechas e interrumpidas, al borde de los precipicios, que los moradores de esos castillos allí nacían y morían, sin aventurarse a traspasar sus muros.

Mercaderes pasaban a veces por la planicie, con sus caravanas de búfalos cargados de fardos y baúles. Hacían alto, acampaban al pie de alguno de los castillos. De encima bajaban grandes cestos sujetos a larguísimas cuerdas, repletos de finos encajes y preciosos bordados hechos por las damas. Y eran izados prontamente, llevando a cambio brocados, perfumes y madejas de lino.

Desde afuera, no podía verse a nadie en los castillos, tan estrechas y separadas eran las escasas ventanas. Pero de noche, prestando atención, podía escucharse una leve música que recorría la planicie, sin que pudiera saberse si era canto o soplo, si venía de algún castillo o de todos.

Así transcurría tranquila la vida para aquellos castellanos, nunca vistos en torneos al descampado, ni en cabalgatas o desfiles nupciales.

Aislados al parecer, la verdad es que nada sucedía en un castillo sin que los otros lo supieran. Una vasta red de conversaciones se extendía sobre el valle, uniendo torres, muros y cúpulas, colándose por las saeteras, filtrándose por las ventanas. Conversaciones más que audibles, que cada castillo tejía a su manera y a su manera interpretaba.

Del castillo más alegre, aquel donde algunas ramas que sobresalían de los muros anunciaban la primavera con sus flores, y el verano con sus frutos, partían mensajes de vivos colores. Eran pendones y banderolas que a cualquier hora del día, de repente, se agitaban, se alternaban, apareciendo y desapareciendo en lo alto de la más alta torre. Y ese revuelo de colores era la voz de aquel castillo.

Que el castillo más al Este recogía. No que alguien allí supiese, de hecho, hablar la lengua de las banderas. Solamente había una vieja que decía entenderla y que servía de intérprete. Pero, siendo ella misma incapaz de hilvanar cualquier mínimo recado embanderado, la respuesta y los mensajes enviados a otros castillos partían de allí en el idioma de los espejos. Láminas de pulida plata secuestraban algún rayo de sol que estuviera a su alcance, y lo proyectaban con tal intensidad que su centelleo era visto a gran distancia.

Responder con espejos, nadie más sabía. Pero todos entendían –o creían entender– aquel resplandor luminoso como un astro, que llenaba el cielo de novedades.

Había quien respondiera con señales de humo, quien se valiera de trompetas. Otro erguía coloridas cometas. Otro lanzaba al aire palomas blancas. Y uno, el más exuberante, soltaba fuegos de artificio. Ningún lenguaje era igual a otro. Pero todos parecían entenderse a completa satisfacción, así fuera de modos diferentes. En el inmenso telón de mensajes en que se tornaba el cielo, cada uno tomaba lo que más le convenía, lo que más le agradaba, cada uno leía lo que quería leer. Los significados se entretejían en la altura, variados y mutables como pájaros. Sin que por eso la verdad resultara menos cierta.

Un día, sin embargo, un viajero que venía tras la ruta de alguna caravana se detuvo en el macizo más bajo de una de las altísimas montañas. Y miró hacia el valle.

Vio un intenso reflejo que destellaba en lo alto de un castillo. Vio ráfagas de humo que respondían a lo lejos. Oyó un son de trompetas, partiendo de un torreón. El batir de alas de una gran bandada de palomas hizo eco sobre una muralla. Y muy pronto, el cielo se cubrió de alegres cometas.

¡Qué extraña visión para el viajero! Conocía muchos reinos, muchas lenguas. Algunas de las que ahora percibía le eran familiares, aunque no las supiera interpretar. De otras, ni siquiera advirtió que eran lenguas. Nunca sin embargo, en sus largas andanzas, había estado en un reino pequeño, como este, donde cada uno hablara de un modo diferente. Aquello le pareció una gran confusión.

Descendió hasta el valle y, siguiendo el uso de las caravanas, acampó junto al primer castillo. Pero cuando el cesto bajó, en vez de llenarlo de mercaderías, subió a él, haciéndose izar hacia lo alto.

Durante semanas, permaneció dentro de los altos muros. Hasta que una mañana, el cesto bajó, depositándolo en la planicie. Tan pronto pisó el suelo, fue en busca del segundo castillo. Y junto a él acampó y, como había hecho antes, esperó la llegada del cesto para subir en él hasta arriba.

Así, uno tras otro, el viajero visitó todos los castillos. Pasó largos días en cada uno, y en cada uno se reunió con los sabios, los jóvenes, los ancianos, y les enseñó un nuevo lenguaje. El mismo, en todos los castillos.

Cuando salió del último cesto, estaba más orgulloso que cansado. Sí –pensó– ya no habría problemas de entendimiento. Y se puso en marcha, rumbo a las altísimas montañas, para continuar su interrumpido viaje.

Marchaba el viajero, mientras los castillos intentaban retomar la antigua plática con el nuevo lenguaje.

Superada la necesidad de intérpretes, la vieja que sabía leer banderas perdió muy pronto su empleo. Ahora, bastaba obedecer con exactitud las reglas y eliminar las variantes, para ser comprendido en toda la extensión del valle. En cuanto a los mensajes de los otros, sólo era preciso limitarse a comprender lo que decían. Nada más. Sin agregar, sin quitar, sin completar nada. Aunque lo que se comprendiera no fuese lo que se quería comprender. Aunque el mensaje no respondiera a ninguna necesidad. Por encima de la armonía, se ubicaba la claridad. La invención, que en los viejos lenguajes lo era todo, quedaba desterrada.

Sólo bastó que un mensaje agradara a los habitantes del segundo castillo y molestara a los del siguiente para que surgieran los roces. Los del cuarto castillo fueron llamados como mediadores. Tomaron partido, dando la razón a uno de los litigantes y ofendiendo al otro. Los del quinto salieron en su defensa. Se dividían las opiniones en los otros castillos. El aire se hizo tenso. Los mensajes, que siempre habían surcado armoniosamente el cielo, parecían chocar entre sí. Claros y ásperos, partían de los torreones como proyectiles, hiriendo a su llegada, y provocando nuevos disparos lingüísticos. El telón celeste era ya un campo de batalla.

Marchaba aún el viajero, de espaldas al valle. Había llegado a la primera cima y seguía hacia adelante. Si se hubiera detenido a mirar, habría visto con sorpresa que, de repente, nada sucedía ahora en la planicie. Ningún sonido, ninguna señal unía los torreones. Los castillos estaban mudos.

¿Cómo saber qué pasaba tras los muros espesos? Tal vez las damas se hubiesen quedado un momento inmóviles, con sus agujas de tejer suspensas en el aire. Tal vez los caballeros hubiesen detenido las manos ya prontas a esgrimir las espadas. Tal vez los sabios y los ancianos habían convocado a los jóvenes belicosos para hablarles de entendimiento y paz.

Pero el viajero no se detuvo. Ni habría tenido la paciencia de esperar un día entero, y la larga noche que le sucedió, para ver por fin al amanecer, y sólo entonces, cómo subía allá a lo lejos, bordando la mañana, un delicado hilo de humo.

El viajero contemplaba la cima de la altísima montaña. No pudo pues saber que, muy pronto, flamearon las banderas sobre el torreón. Y no pasó mucho tiempo antes de que un relucir de espejos surgiera en respuesta. Las cometas surcaron el cielo cortando con sus cuerdas el vuelo de las palomas. Y al fondo, muy al fondo, explotaron luces de colores, giraron, chisporrotearon, descendieron como una festiva lluvia de fuegos de artificio.

Pero él sabía soñar

Era un ogro parecido a todos los ogros. Pero, diferente a todos los ogros, sólo se alimentaba de sueños. Nada más le apetecía. Llegaba a devorar cinco, seis sueños en cada comida. Y más habría devorado si los tuviera.

No se plantan sueños en los huertos, no crecen en el bosque, no cuelgan de los árboles. Sueños ocurren a millares, de noche y de día, en todo el mundo. Pero para comerlos, es necesario cazarlos.

Y entre tantos posibles lugares de caza, el preferido del ogro era una pequeña aldea de pescadores, a la orilla de un río. Quizá porque fueran dormilones, quizá porque el murmullo del agua llenara sus sueños de bellas imágenes, lo cierto es que no pasaba una noche sin que el ogro acudiera a la aldea a darse un banquete.

Al principio, sus visitas pasaron desapercibidas. Un sueño que desaparecía en mitad de la noche era olvidado antes del amanecer. Y si por acaso el soñador despertaba con una especie de nostalgia, una sensación de ausencia, buscaba la razón en cosas más palpables. No obstante, a medida que las desapariciones se hacían más y más frecuentes, una gran desconfianza surgió en la aldea, los soñadores compararon entre sí sus noches defraudadas, se invitó a los deudos a vigilar junto a la cabecera de los lechos, y la verdad se tornó evidente.

A partir de la certeza, hondas ojeras empezaron a marcarse bajo los ojos de los aldeanos. Quien siempre había soñado, ya no quería hacerlo. Jóvenes y viejos se rehusaban a entregar tan delicado tesoro a un hambre ajena. Y para no soñar, el único medio seguro era no dormir, o dormir tan brevemente que ningún sueño tuviera tiempo de concretarse.

Exhaustos, los aldeanos cabeceaban en mitad de sus labores. Algunos se adormilaron durante la pesca y cayeron al río. Otros resbalaron de los árboles, por ceder al sueño mientras recogían frutas. Y uno se durmió tan profundamente, de pie en la espesura de la floresta, que cuando el tigre lo devoró, soñaba tal vez que era su propio sueño, devorado por el ogro.

Así estaban las cosas, cuando un joven decidió que así no podían seguir. Y se dispuso a matar al ogro.

Era menudo, frágil. Pero tenía el arma más apropiada: era un gran soñador. Para usarla, extendió una sábana sobre su cama de tiras de cuero, ahormó la almohada. Después, sin esperar la noche, se acostó. Se durmió inmediatamente. E inmediatamente, comenzó a soñar.

Soñó que iba hasta el sembrado de bambúes a la orilla del río, que arrancaba con cuidado un retoño de la tierra húmeda, y con cuidado aún mayor, lo replantaba en un suelo rico y fértil.

Ya el retoño comenzaba a crecer, cuando vino el ogro y engulló planta y sueño.

Otro tal vez se hubiera desanimado. El joven no. A la noche siguiente, extendió de nuevo la sábana, de nuevo se tendió en el lecho y se durmió. Esta vez no tenía almohada. Soñó que iba hasta el bosquecillo de bambúes junto al río, que con cuidado arrancaba un retoño de la tierra húmeda, y con cuidado aún mayor lo replantaba en un suelo rico y fértil. Pero antes de que las raíces se afianzaran en la tierra del sueño, y de que el ogro las codiciara, hizo un esfuerzo y despertó.

Se sorprendían en la aldea ante sus arrestos. Y él, sereno, seguía haciendo su vida de siempre.

A la noche siguiente, tendido en la cama, soñó que llenaba un cántaro en el río, y que regaba con él un retoño de bambú plantado en suelo propicio. No esperó más. El ogro no había siquiera adivinado su sueño cuando ya él despertaba.

Esa vez estuvo dos días sin dormir. Pero cuando volvió al sueño, el retoño había crecido un poco más, y nuevos brotes le surgían a los lados. Pronto sería un soto de bambúes. Pero antes de que lo fuera, mucho antes, abrió los ojos y se apartó del sueño.

No siempre el joven se acostaba a dormir. Y en ocasiones, se acostaba varias veces en el mismo día. Siempre despertando rápido, respetaba sin embargo el tiempo de los sueños, que no es el mismo que miden los relojes. Y en el tiempo de su sueño, hecho de tantos pequeños tiempos, el soto creció y creció. Y la noche en que lo oyó susurrar, fresco como el agua del río, soñó que escogía el más recto y fuerte de los bambúes, y lo cortaba.

Despertó sin traer el machete y dejando el bambú cortado en el suelo de su sueño. Dejó que el día corriera. Al atardecer, se bañó despaciosamente, peinó sus cabellos con lociones perfumadas, tendió una sábana blanca sobre la cama, y se acostó a soñar.

Soñó que recogía del suelo el bambú fuerte y recto, y que afilaba con el machete un extremo del tronco, haciendo de él una punta aguda. Después, soñó que salía al campo abierto, que clavaba en la tierra la extremidad roma de aquella lanza, sosteniéndola con las dos manos, y que esperaba.

Escuchó, lejanos, los pasos del ogro. Poco a poco, se acercaron, resonantes, haciendo temblar el suelo. El hálito del ogro tornó caliente el aire. Pero el joven no soltó la lanza. Ni abandonó su sueño. Y la enorme boca del ogro se abrió sobre el sueño del joven. Y engulló el sueño, y engulló al joven, y engulló la lanza. Que con su punta de bambú rasgó la garganta del ogro. Y lo mató.

Sobre su cama blanca, el joven abrió los ojos, sonrió. Después, extendió el brazo, tomó la almohada y, en medio de la alegría de la aldea, volvió a dormirse, para soñar lo que a bien tuviera.

Lejos como mi querer

Regresaba al castillo con sus damas, cuando desde lo alto del caballo lo vio, joven de larga melena al borde de un campo. Y aunque fueran tantos los jóvenes que cruzaban su camino, a partir de aquel instante, fue como si no hubiera ninguno. Ninguno más que aquel.

Por la noche, en el banquete, no rio con los saltimbanquis, no aplaudió a los músicos, apenas si tocó la comida. Sus manos pálidas reposaban. Su mirada vagaba distante.

–¿Qué tienes, hija, que te veo tan pensativa? –preguntó el padre.

–¡Oh, padre! ¡Si supieras! –exclamó ella, feliz de participarle aquello que ya no cabía en su pecho. Y le habló del joven, de su lindo rostro, de sus largos cabellos.

Lo que el padre pensó no lo dijo. Pero al día siguiente, señor que era de aquel castillo y de las gentes, ordenó que se decapitara al joven y se arrojara su cuerpo al río. La cabeza la entregó a su hija en bandeja de plata, él que siempre había satisfecho todos sus deseos.

–Aquí tienes lo que tanto anhelabas.

Y sin esperar respuesta, sin buscarla siquiera en sus ojos, se retiró.

Ido el padre, la castellana lavó aquel rostro, perfumó y peinó los largos cabellos, acarició la cabeza sobre su regazo. Por la noche, la posó en la almohada al lado de la suya, y se acostó a dormir.

En la oscuridad, sin embargo, hondos suspiros impidieron la llegada de su sueño.

–¿Por qué suspiras, dulce mozo? –preguntó, volviendo el rostro hacia la otra almohada.

–Porque dejé la tierra arada en mi campo. Y las semillas listas en mi granero. Pero no tuve tiempo de sembrar. Y en mi campo, nada crecerá.

–No te apenes –respondió la castellana–. Mañana sembraré tu campo.

Al día siguiente, llamó a su dama más fiel, dijo a las otras que quería pasear, y salieron ambas a caballo.

Se apearon en el campo donde ella lo había visto la primera vez. La tierra estaba arada. En el granero, encontraron las semillas. La castellana se calzó unos zuecos sobre sus zapatillas de satín, no fuera que el barro la delatara ante su padre. Y durante todo el día, echó semillas en los surcos.

Por la noche, se sentía exhausta. Y ya iba a dormirse, cuando hondos suspiros la detuvieron a la orilla del sueño.

—¿Por qué suspiras, dulce mozo, si ya sembré tu campo?

—Porque dejé mis ovejas en el monte, y sin nadie que las lleve al redil, serán devoradas por los lobos.

—No te apenes. Mañana buscaré tus ovejas.

Al día siguiente, llamó a aquella dama que por sobre todas le era fiel, y aduciendo de nuevo su deseo de pasear, franquearon juntas los muros del castillo.

Subieron a caballo hasta lo alto del monte. Las ovejas pastaban. La castellana cubrió su saya con el manto, no fuera que hojas y espinos la delataran ante su padre. Después, con la ayuda de su dama, reunió las ovejas y, llevando el caballo de las riendas, descendió con el rebaño hasta el redil.

Exhausta estaba esa noche, cuando el hondo suspiro pareció llamarla.

—¿Por qué suspiras, dulce mozo, si ya sembré tu campo y recogí tus ovejas?

—Porque no tuve tiempo de guardar la última paja del verano, y se pudrirá cuando lleguen las lluvias.

—No te apenes. Mañana guardaré tu paja.

Cuando al día siguiente mandó llamar a su dama más fiel, no fue preciso explicarle a dónde irían. Y con el pretexto de tomar el aire, se alejaron ambas del castillo.

Los haces de paja, amontonados, se secaban al sol. La castellana se calzó los zuecos, protegió su saya, se envolvió con tiras de paño las manos, no fuera que las heridas la delataran ante el padre. Y comenzó a llevar los haces al granero. Antes del anochecer, la tarea estaba terminada, y las dos regresaron al castillo.

Ni así hubo silencio esa noche en el oscuro cuarto de la castellana.

—¿Por qué suspiras, dulce mozo? —preguntó ella una vez más—. ¿Por qué suspiras, si ya sembré tu campo, recogí tus ovejas y guardé tu paja?

—Porque otra tarea aún es necesaria. Y es, sobre todas, la que más me entristece. Mañana deberás entregarme al río. Sólo él sabe dónde espera mi cuerpo. Sólo él puede juntarnos nuevamente, antes de entregarnos al mar.

—¡Pero el mar está tan lejos! —suspiró con tristeza la castellana.

Y aquella noche fueron dos los que suspiraron.

Al amanecer, la castellana perfumó y peinó los largos cabellos del joven, acarició la cabeza, la envolvió por fin en linos blancos, y llamó a la dama.

Los caballos esperaban en el patio, un soldado guardaba el portón.

—Vamos a llevar algo de comida a los pobres —le dijeron. Y salieron, llevando su fardo.

Siguiendo la margen de las aguas, se alejaron de la ciudad hasta encontrar un remanso. Allí se apearon. Abiertos los linos, entregaron al río su contenido. Los largos cabellos flotaron un momento, agitándose como medusas. Después, desaparecieron en el agua oscura.

De pie, la castellana tomó las manos de su dama. Que le fuera fiel, le pidió, y tal vez un día volverían a verse. Ahora, ambas debían tomar rumbos distintos. Para la dama, el castillo. Para ella, el mar.

—¡Pero está tan lejos el mar! —exclamó la dama.

Montaron las dos. La castellana contempló la gran planicie, las montañas al fondo. En algún lugar más allá de aquellas montañas, estaba el mar. Y, en alguna playa de aquel mar, el joven la esperaba.

—La distancia hasta el mar —dijo en voz tan baja que tal vez la dama no pudo oírla— se mide con mi querer.

Y espoleó su caballo.

Ni de jazmín, ni de rosa

¡Qué apetecible cocina aquella! El horno, grande como una caverna, ardía noche y día, y los panes entraban y salían, cargados en la larga espátula de los cocineros. Jamones y salchichas pendían del techo como banderolas. En los ganchos sobre los bancos, liebres, patos y codornices esperaban su turno de habitar las ollas. Tortas adornadas como catedrales rebosaban nieve de azúcar. Y grandes pasteles de dos, tres y más pisos, rodeados de frutas y flores, abrigaban todas las delicias.

De aquella cocina, sin embargo, nada salía capaz de agradar el inapetente paladar del rey. En vano se atareaban el cocinero mayor, el segundo cocinero mayor, el primer cocinero simple, el segundo cocinero simplísimo y todos los jóvenes ayudantes de cocina. En vano, el cocinero mayor argüía con el segundo mayor que gritaba al simple que reprendía con fuerza al simplísimo que imprecaba a los ayudantes que se empujaban unos a otros. En vano, se esmeraban en las masas y buscaban ayuda en las finas especias del Oriente. Bastaba que la comida llegara a la mesa, y de que esta fuera alzada hasta la boca de su majestad, para que todo el afán se revelara inútil. Con el primer bocado, se fruncía el real ceño, manifestando tedio o disgusto. Y de inmediato, los dedos reales se tendían solicitando más sal, más azúcar o, peor aún, una copa de vino para borrar el sabor reprobado. Y la servilleta era arrojada con desdén a la mesa, blanca mortaja sobre las expectativas puestas en la nueva refección.

No es que su majestad pasara hambre. Jamás su inapetencia alimenticia lo llevaría tan lejos. Si las refecciones poco o nada le agradaban, se valía de confites, bombones y golosinas, siempre a su alcance en cajillas de plata o platillos de cristal. Algo le faltaba, no obstante. Una extraña nostalgia parecía anidarse entre su lengua y su paladar, escurriéndole garganta abajo y amenazándolo de eternidad.

Precisamente goteaba hacia sus vísceras aquel amargo sabor la mañana en que, regresando a caballo de un paseo, el rey fue alcanzado por un perfume. Ni de jazmín ni de rosa, venido de algún jardín, ni cualquier imitación de ellos, exhalado por alguna dama. Era un suave, embriagante, tentador perfume de sopa.

Como si obedecieran a una señal del destino, las campanas de la catedral lanzaron en aquel momento doce campanadas que, repercutiendo una a una en el estómago de su majestad, llenaron de agua la real boca.

—¡Que se capture ese olor! —ordenó, refrenando a duras penas su apetito. Y al ver la sorpresa de sus cortesanos, corrigió: —¡Que se contrate ese cocinero!

El cocinero, muy pronto se descubrió, era una cocinera. Quien entre espanto y alegría se vio arrancada de la cocina de su modesta fonda, y llevada a la resplandeciente cocina del palacio.

Allí, rodeada de los cocineros hasta entonces titulares, teniendo a su disposición ingredientes con los que nunca había soñado, la cocinera se sintió otra. Había llegado su gran hora. Se amarró bien el delantal, se subió las mangas sobre sus brazos rollizos, y empezó a trabajar con gran esmero. Nada de sopitas sencillas para un rey. La situación exigía algo más imponente. Se superó en los asados, arrancando de los ganchos aves y liebres. Hizo un enorme pastel de tres pisos, relleno de delicias y rodeado de frutas y flores. Desmoldeó una torta de doce picos nevados. Y al fin, suspiró satisfecha.

Atropellándose para espiar por el resquicio de la puerta, todos los integrantes de la cocina real vieron a los camareros llevar a la mesa la refección. Y vieron cómo el rey olfateaba el aire, frunciendo el ceño. Y cómo tiraba la servilleta, antes incluso de que cortaran el pastel.

Despedida la cocinera, todo volvió al antiguo curso entre horno y fogones, mientras los pálidos dedos del rey retomaban su camino entre plata y cristal.

Y así habrían seguido las cosas si algún tiempo después, volviendo de la caza, el rey no hubiera tropezado con su nariz en otro perfume alentador. Esta vez era el del pan que un humilde panadero acababa de sacar del horno.

—¡Quiero ese pan, y a ese panadero! —exclamó el rey, sorprendiéndolo en la puerta de su negocio con las manos todavía blancas de harina.

De inmediato, se vio el panadero en la gran cocina real y, entre la expectativa general, metió las manos en la masa. Pero agregó a la harina nuez moscada, cambió el agua por leche, duplicó la mantequilla, salpicó todo con agua de azahar y aplicó en la superficie nueces y semillas. No era cosa de hacer para el rey el mismo simple pan que horneaba en su panadería.

Como había pretendido, el pan que llegó a la mesa real no tenía el mismo perfume ni el sabor de aquel que lo había traído hasta allí. Pero, como no había previsto, la servilleta voló y con ella su recién adquirido empleo.

Hubo aún un episodio con un guiso de conejo y otro relacionado con una fritanga de cebollas, debidamente transformados en fricassé y soufflé. Hubo también varios cocineros puestos de patitas en la calle. Después, el rey desistió.

O creyó que había desistido, hasta el día en que cruzó la plaza de la ciudad y tropezó con un aroma de habas con jamón.

Esta vez no ordenó nada, no dijo nada. Cerró la boca, tragando saliva. Y espoleó levemente su caballo, conduciéndolo tras la huella de aquel olor como si siguiera un camino, hasta llegar al frente de una pequeñísima hostería. No se detuvo. Marchó hacia el palacio, seguido de sus caballeros y de la admiración del pueblo, que por primera vez lo veía transitar tan humildes callejuelas.

Esa noche, sin embargo, una figura envuelta en un manto, tocada la cabeza con un ancho sombrero, abandonó los salones a través de un pasaje secreto, traspuso las murallas del palacio, y salió por una portezuela situada tras la garita. Furtivamente, tomó el camino de la hostería.

No se quitó el sombrero al entrar. Tampoco el manto. Buscó la mesa más apartada, en el rincón más oscuro, sopló el cabo de vela que brillaba en el candelero. Y en voz baja, pidió una escudilla de habas. Muy pronto, pidió otra, y luego otra más.

Por primera vez en su vida, el rey se acarició la barriga llena. Dejó pasar algunos minutos de pura beatitud. Después, protegido por el manto y por el ala del sombrero, se retiró, dejando sobre la mesa una moneda que llevaba grabado su perfil.

A partir de entonces, cesaron en el palacio los despidos de los cocineros. Las bandejas, las soperas, las salseras y los platos volvían aún llenos a la cocina. Pero el rey ya no fruncía el ceño. En las noches más oscuras, la silueta embozada se escurría por la portezuela de la casa de la guardia, y marchaba furtiva en busca de tabernas, ventas y hosterías. Y aunque alguien hubiera prestado atención a aquel hombre sombrío y misterioso, jamás lo habría visto tirar con desdén la servilleta. Sobre todo, porque, en aquellos lugares, una servilleta era algo por completo inexistente.

En aquella ciudad

No acababa de lanzar el sol su primer rayo por encima de los muros, y ya se abrían las puertas de aquella ciudad, dejando salir hombres armados. Sólo unos cuantos cada día, sin coraza ni yelmo, y a pie. Pero comandados por un vistoso caballero, y suficientes para reforzar una tropa lejana, ayudar a la toma de un castillo, o a conquistar un territorio. Ninguno de ellos estaba de regreso al caer la tarde, cuando las puertas se cerraban. Otros partían a la mañana siguiente.

Así, los hombres de aquella ciudad nunca sabían si podrían acabar sus labores. Tal vez el carpintero dejaría su tabla sin pulir, en aquella ciudad, si los hombres del rey vinieran a buscarlo, haciéndole cambiar el cepillo por la espada. Tal vez se quemaría el pan, en el hor-

no de aquella ciudad, si reclutaran al panadero, arrancándole el delantal para entregarle el
escudo. La vasija quedaba abandonada en el
torno, el tejido en el telar, y las ruedas del mo-
lino giraban y giraban sin que ningún grano
les cayera entre los dientes, mientras el alfa-
rero, el tejedor, el molinero salían por la gran
puerta, marchando al mismo paso.

Pero el rey, ¡ah! el rey no paraba nunca
de firmar. Con su pluma de ganso, su sello de
oro, firmaba y lacraba declaraciones de guerra, alianzas, tratados, sin que jamás viniera
nadie a interrumpirlo.

Llegó entonces la primavera. Y si alguien
en aquella ciudad hubiera prestado atención,
habría percibido, entre el primer canto de los
pájaros y el vibrar de las hojas nuevas, un ruido diferente, susurro ligero, roce de escama o
tela sobre las piedras del suelo. Y si, habiendo prestado atención, alguien se asomara de
noche a la ventana, vería tal vez en la densa
sombra de los rincones, en los negros pozos
cavados por la luna, la forma esquiva de una
mujer, la silueta de otra, arrastrando sus fal-
das, bajando sus velos, negro sobre negro,
avanzando en la oscuridad.

No iban lejos, las mujeres. No hacían nada
notable. En la mano blanca, bajo las vestiduras, cada una traía un pequeño ramo, sólo
uno. Que depositaba frente al palacio del
rey.

Noche tras noche, las mujeres de aquella
ciudad abrieron el estuche de sus dedos y,

como pájaros, depositaron su ramito. Y como era primavera, sucedió que algunos ramos estaban florecidos.

Al principio, los siervos del rey barrieron los ramos por la mañana. Después, al ver las flores que amanecían frescas de rocío, y ganados ellos mismos por un cierto encantamiento primaveral, vieron en aquello una especie de homenaje, y dejaron que se acumularan, como un adorno nuevo para los muros cenicientos.

Un ramo entrelazado a otro ramo, lentamente crecía al rededor del palacio el enorme nido. Algunos gajos, habiendo hecho contacto con la tierra y favorecidos por la estación, comenzaban a brotar. Y el noble que en un momento de tedio se asomó a un balcón, se preguntó intrigado qué extraña novedad sería aquella que preparaban los jardineros.

Calientes se hacían las noches con la proximidad del verano. La primera llama, tan pequeña, no pareció siquiera calentar más el aire. Es probable inclusive que nadie la hubiera visto, levemente guiada por la mano blanca. Una llama pequeña no hace ruido. Ni dos. La segunda vino del otro lado de la ciudad, y quien la vio sin duda la tomó por una luciérnaga que alumbraba suavemente el paso de una dama. Si alguien percibió la tercera es algo que nadie sabe. En el liso terciopelo de la noche, una vela aquí, una centella acá, una antorcha lejana, fueron llegando poco a poco, buscando su lugar en el nido.

Una llama pequeña no hace ruido. Ni dos. Tal vez si acaso una leve crepitación, el seco roce de una lengua áspera. Pero un chisporroteo aquí, otro allá, de repente un tremendo estertor surgió del nido, como si en su seno despertara una fiera incontenible. Y rugiendo y gimiendo y retorciéndose en el aire, la inmensa llamarada subió por los muros, entró por las ventanas, mordió las cortinas, abrazó todo el palacio.

Ardieron los pergaminos del rey, el calor secó sus tinteros. La pluma de ganso se curvó por un instante antes de deshacerse en centellas. El oro del sello se derritió en goterones sobre la mesa. Con el palacio invadido por las llamas, el rey intentaba en vano apagar el incendio a golpes de cetro, mientras el fuego besaba ya sus vestiduras.

Allá lejos, en el campo recién conquistado, los hombres reclinados entre los haces de trigo vieron clarear el horizonte. Pero la luz venía del lado del palacio, venía del poniente, y aún faltaba mucho para el amanecer. Entonces, supieron que no habría otra batalla al día siguiente. Y que no sería preciso esperar el sol para hallar el camino de vuelta.

Luz de linterna, soplo de viento

Y habiendo partido el esposo a la guerra, la primera noche de su ausencia, la mujer encendió una linterna y la colgó en el frente de la casa. "Para traerlo de vuelta", murmuró. Y se fue a dormir.

Pero al abrir la puerta a la mañana siguiente, encontró apagada la linterna. "Fue el viento de la madrugada", pensó, mirando hacia arriba como si pudiera verlo soplar.

Por la noche, antes de acostarse, encendió de nuevo la linterna que, desde lejos, habría de indicar a su hombre el camino a casa.

Al amanecer hizo viento. Pero era tan tarde y ella estaba tan cansada que nada oyó, ni el susurrar de los árboles, ni el gemido de las ventanas, ni el crujir de la argolla de la linterna. Y en la mañana, se sorprendió al encontrar la luz apagada.

Aquella noche, antes de encender la linterna, contempló detenidamente el cielo límpido, las claras estrellas. "Seguro que no habrá viento", dijo en voz alta, casi como si diera una orden. Y acercó la llama del fósforo al pabilo.

Si hizo viento o no, ella no sabría decirlo. Pero antes de rayar la aurora, no había ya luz alguna, la casa desaparecía en las tinieblas.

Así fue durante muchos y muchos días, la mujer encendiendo obstinada la linterna que el viento, con igual constancia, apagaba.

Meses tal vez habían pasado cuando una tarde, al encender la linterna, la mujer vio a lo lejos, recortada contra la luz que teñía de sangre el horizonte, la oscura silueta de un hombre a caballo. Un hombre a caballo que galopaba en su dirección.

Poco a poco, apretando los ojos para ver mejor, distinguió la lanza erguida junto a la silla, los duros contornos de la coraza. Era un soldado el que venía. Su corazón vaciló entre el miedo y la esperanza. Por un instante, contuvo el aliento entre los labios abiertos. Y podía oír ya el batir de los cascos sobre la tierra, cuando empezó a sonreír. Era su marido el que venía.

Se apeó este al fin. Pero sólo con un brazo le ciñó los hombros. La otra mano permaneció en la empuñadura de la espada. Y no hizo mención de querer entrar en la casa.

Que no se hiciera ilusiones. La guerra no había terminado. No terminaba siquiera la batalla de ese día. Cubierto de polvo y sangre, aun así no venía para quedarse. "Vine porque la luz que enciendes en las noches no me deja dormir", le dijo, casi con sequedad. "Brilla tras de mis párpados cerrados, como si me llamara. Sólo a la madrugada, después de que el viento sopla, puedo dormir".

La mujer nada dijo. Nada pidió. Apoyó la mano en el pecho del marido. Pero su corazón parecía distante, protegido por el cuero de la coraza. "Déjame hacer lo que tiene que hacerse, mujer", dijo él sin besarla. De un soplo, apagó la linterna. Montó a caballo, partió. Se adensaban las sombras, y ella no pudo siquiera verlo alejarse, recortado contra el cielo.

A partir de aquella noche, la mujer no encendió ya ninguna luz. Ni aun la vela dentro de la casa, no fuera que su llama se encendiera tras los párpados del marido.

En la oscuridad, las noches corrían rápidas. Y con ellas cargaban los días, que la mujer ni contaba. Sin saber con certeza cuánto tiempo había pasado, ella sabía sin embargo que era mucho.

Y pasado otro tanto, una tarde en que, parada en el umbral de la puerta se despedía de la última luz del horizonte, vio dibujarse a lo lejos la silueta de un hombre. Un hombre a pie que venía en su dirección.

Se protegió los ojos con la mano para ver mejor, y poco a poco, porque el hombre caminaba despacio, comenzó a distinguir la cabeza baja, el contorno de los hombros cansados.

Contorno dulce, sin coraza. Vaciló su corazón, contuvo la sonrisa de sus labios: tantos hombres habían pasado sin que ninguno fuera el que ella esperaba. Aún no podía verle el rostro, oculto entre la barba y la gorra, cuando dio el primer paso y corrió a su encuentro, liberando el corazón. Era su marido que volvía de la guerra.

No necesitó preguntarle si había venido para quedarse. Caminaron hasta la casa. Iban ya a entrar, cuando él se detuvo. Se volvió sin prisa y, aunque la noche aún no había llegado, encendió la linterna. Sólo entonces entró, con la mujer. Y cerró la puerta.

Río abajo, río arriba

Sudando tras una larga partida de caza, un dios se bañó en el río. Y, en recompensa por ese regalo de frescura, cada minúscula gota de su sudor se convirtió en oro. Y el oro escurrió brillante por el cuerpo del dios, dorando la arena a sus pies, los pequeños guijarros, las escamas de los peces, los juncos de las orillas. Y el agua toda a su alrededor.

Sucedió así que el río fluyera azul hasta ese exacto lugar, para tornarse a partir de allí centelleante como una lámina, corriente hecha de innumerables puntos preciosos, minúsculas pepitas que, girando y sin agotarse, corrían rumbo al mar.

Atravesando el valle, la rica carga del río llegó al fin a una ciudad. Pasó bajo el primer puente, se aquietó en el remanso donde las lavanderas lavaban la ropa. Pero antes de que llegara al segundo puente, los gritos de aquellas mujeres habían alertado a la población, y mientras muchos se lanzaban al agua con baldes y ollas, otros traían piedras y ladrillos, carretas y argamasa, para levantar una barrera.

Muy pronto, el río estuvo represado. Ahora ninguna gota pasaría de allí. La fortuna estaba presa. Y cada ciudadano empezó a recoger diariamente su parte, llenando jarros, tazas y platones, abarrotando cofres y baúles.

Los ríos corren de día y corren de noche. Y viendo la riqueza que no cesaba de llegar, el hombre más rico de la ciudad comenzó a pensar que toda aquella gente había guardado ya una porción de oro más que suficiente para sus modestas necesidades, y que él merecía tener más que los otros ya que, más que los otros, sabía multiplicarlo.

Trabajó en silencio. Y una noche, mientras todos dormían, el río dejó de correr. Y a la mañana siguiente, los que habían estado durmiendo vieron que nada fluía por el lecho seco.

El hombre rico había represado el río arriba, antes de llegar a la ciudad. Y ahora estaba aún más rico, porque el oro que fluía hasta la barrera era todo suyo.

—¿Por qué todo suyo, si es nuestro padre? —se preguntaron los hijos del hombre rico—. ¿No tenemos acaso el mismo derecho, si tenemos la misma sangre?

Y armándose de palas, cuerdas y poleas, partieron río arriba, montados en sus mulas.

Sólo detuvieron su marcha al verse mucho más allá de la represa del padre. Allí, juntos, levantaron otra barrera.

Viendo agotarse su flujo de riqueza, el comerciante se mesó los cabellos y, tras regresar a la plaza del mercado, comenzó a quejarse a gritos.

—¡Hermanos míos, conciudadanos! ¡Yo que sólo quería hacer el bien, fui robado por mis propios hijos!

Así gritaba, mientras las gentes se asomaban a las ventanas de sus casas, y algunos paseantes se reunían a su alrededor.

—Represé el río para levantar un lindo monumento de oro en la ciudad —gritó aún, tratando de hacer temblar su voz como si estuviera al borde del llanto—. Y mis codiciosos hijos quisieron tomarse el río entero para ellos.

Algunos de los que oían, advirtiendo una buena ocasión de recuperar la riqueza perdida, aceptaron subir con él río arriba.

Caminaron, caminaron, y llegaron hasta el dique del hombre rico, donde los peces dorados morían en el cieno dorado.

Siguieron.

Caminaron, caminaron, y llegaron hasta el dique de los hijos del hombre rico, donde el agua brillaba robando la luz del sol.

Siguieron.

Pero no avanzaron mucho. Porque unos metros más allá, vieron que el agua era azul y transparente, y blanca la arena del fondo sobre la cual nadaban peces de colores. No había allí ni el más minúsculo punto de oro, de aquel oro que parecía surgir de la nada, justo al lado del dique de los hijos del hombre rico.

Ni por eso vacilaron. Poco antes del lugar en que el dios se había bañado, levantaron su barrera. Si no podían ellos quedarse con aquella riqueza, nadie lo haría.

Y el río perdió su fuerza metálica, devolvió la luz al sol. Olvidado del mar, se aquietó detrás de piedras y ladrillos, se expandió ancho y sereno como un lago.

Los hombres regresaron a la ciudad. Sin oro. Sin río.

Y pasado mucho, mucho tiempo, otros hombres, que no sabían del oro ni sabían del río, vinieron con sus mujeres e hijos a instalarse a la orilla del lago. Construyeron sus casas cerca de las márgenes. Y porque había tantos peces y flores y garzas, se sintieron ricos.

Las ventanas sobre el mundo

Porque quería ver un mundo nuevo cada día, aquel rey mandó construir un palacio con 365 ventanas. Sin que ninguna tuviera la misma vista de otra.

Se esmeraron los arquitectos para cumplir su voluntad. Y un ladrillo tras otro, el palacio fue creciendo lleno de esquinas, de lados, de torres, de terrazas y de ventanas, ventanas, ventanas.

Años duraron los trabajos. Pero al final, llegó la mañana en que, con gran pompa, el camarero real abrió la primera ventana. Y su majestad se asomó a ella. Frente a él, paisaje inaugural, estaba la elegante explanada de acceso al castillo, con su camino blanco bajo el primer sol, y caballeros galopando a lo lejos. El rey echó un breve vistazo y se retiró. Era un monarca muy ocupado.

En la segunda ventana, al segundo día, no fue ya un camino lo que se abrió a la vista de su majestad. Esbeltas siluetas de cipreses decoraban el dorso de una colina. ¿Qué interés puede haber en unos cipreses?, parecieron decir los ojos del rey, que apenas si los miró.

Distantes montañas nevadas lo esperaban más allá de los vidrios el tercer día. Una ciudad envuelta en brumas se ofreció a su mirada en el cuarto. Y al quinto día, un río murmuraba bajo la ventana.

Aunque nada lo detenía más de unos cuantos segundos, viajaba el rey sin salir del palacio. Y no habría sabido decir cuánto había viajado, aquella mañana en que, apoyando las manos en el mármol del alféizar, se inclinó levemente y, junto a un rosal entre el campo y el jardín, vio a una joven. Más bella que el rosal, más bella que el jardín. Por lo menos, así le pareció. Bella como la miel, pensó el rey, tal vez debido a la dulzura que súbitamente lo invadía. Y apoyando los codos en el mármol, se quedó contemplándola a lo largo de todo el día, ajeno a las tareas de la corte. Al caer la tarde, la joven se retiró. La ventana fue cerrada.

Bien hubiese querido el rey hacerla abrir a la mañana siguiente. Pero en las otras ventanas, el mundo entero lo esperaba. Y el rey se dijo a sí mismo que tal vez la joven ni viniera aquel día. Y pensó aun que podría encontrarla en alguno de los próximos paisajes. Y se preguntó de qué valía tener un palacio con 365

ventanas sólo para asomarse a una de ellas. Ordenó entonces al camarero que abriese la próxima ventana y sobre ella se inclinó.

El paisaje que lo esperaba, sin embargo, no era el que quería ver. Un bosque murmuraba frente a él, verdes caminos se perdían entre los árboles. Pero el rey sólo pensaba en un campo, un jardín, y un rosal entre los dos. Cuando el día terminó y se cerró la ventana, el rey advirtió que su deseo volaba ya hacia la ventana siguiente.

Día tras día, llevado por su deseo, el rey recorrió las ventanas del palacio. Habría seguido paso a paso el curso de las estaciones de haber prestado mayor atención, moderando sus prisas. Pero todos los paisajes le merecían apenas una breve mirada, porque ninguno era aquel donde crecía el rosal, ninguno era aquel que exudaba miel. Poco vio del verano, poco vio del otoño, y solamente registró del invierno el frío que le impedía abrir los vidrios y lo obligaba a abrigarse con pieles. Sin que él le diera importancia, también el tiempo cambiaba sus escenarios.

Y habiendo pasado un año, la mañana llegó en que, ya sin pompa, el camarero lo precedió frente a la ventana tan esperada. El rey sintió que su pecho se abría al unísono con los postigos. Y con el pecho abierto, se inclinó sobre el paisaje donde, entre un campo y un jardín, la veía.

Entre el campo y el jardín, el rosal empezaba a florecer. Pero la joven no estaba allí.

No estuvo durante la mañana. No vino en la tarde. Por la noche, ciertamente, no vendría.

El rey no ordenó siquiera que cerraran la ventana.

Y a ella se dirigió a la mañana siguiente. Y todas las mañanas que siguieron. De las otras ventanas, ni se acordaba.

Ahora no miraba sólo hacia el frente, como había hecho hasta entonces. No posaba levemente su mirar como si admirara una pintura. Porque en algún sitio aquel paisaje abrigaba a la joven, él lo escudriñaba entero, hasta en sus más mínimos detalles. Y cuando pensaba que ya lo conocía por completo, percibía que había aún mucho por descubrir. Miraba con tanta intensidad que se sentía llevado hacia lo lejos, hacia más allá de lo que podía ver, hasta alcanzar regiones que apenas intuía. Sus ojos no tenían ya el estrecho límite de la visión. Y él viajaba en aquella única ventana más de lo que había viajado en todas las otras.

El rosal floreció, perdió después sus rojos pétalos, se hizo color de otoño. Y la joven no llegaba. En las ramas secas, no había ya ninguna hoja. El rey se ponía ahora un abrigo para acercarse a la ventana. Pero los vidrios seguían abiertos. Cayeron los primeros copos. La nieve igualó campo y jardín. ¿Vendría la joven, con ese frío?, se preguntaba el rey, inclinado sobre el silencio.

Y así inclinado, una mañana muy temprano, vio que un hocico plateado se asomaba a la boca de una madriguera, y que una raposa emergía cargando en la boca a su hijito. No, con certeza la joven no vendría, pensó el rey, respondiendo a su propia pregunta. No mientras durara el invierno. Sería preciso esperar el deshielo. Y el deshielo, pensó el rey, aún iba a tardar. Alzó su cuello de pieles, hundió las manos en las mangas. El cielo estaba bajo y blanco, pronto nevaría otra vez. Y mirando el rastro de la raposa, el rey advirtió, sonriendo, que no tenía prisa. El mundo era vasto frente a la ventana. Y en lo hondo de su pecho, la miel comenzaba a gotear.

Gran delicadeza, perfumadas flores

Inclinándose ante el rey, el embajador chino extendió el presente enviado por su monarca. Una caja de laca, cuadrada. Abierta la tapa, otra caja. Cuadrada también, pero de leve madera tallada, casi un encaje. Y dentro de esa, al fondo, un vaso pequeño de porcelana del cual surgía un vástago de planta.

–Rarísima especie de magnolia, traída de valle distante –dijo el embajador, todavía hincado–. Gran delicadeza, perfumadas flores.

Y todos en la sala del trono inclinaron la cabeza, reverentes, como si quisieran insuflar vigor y vida a la pequeña planta.

Extraída de la caja de laca, entregada a los mejores botánicos del reino, la magnolia creció más de lo que ellos mismos habían esperado. Pronto superó las medidas de su caja tallada. Se buscó otra mayor. Y cuando esta pareció pequeña, también el vaso se había tornado insuficiente.

El rey convocó entonces a los astrólogos, escogió con ellos el lugar más propicio en el inmenso jardín. Allí fue plantada la magnolia.

No expuesta al sol y al viento, sin embargo. Protegiéndola, cuadrado al principio y poco a poco perdiendo la rigidez, se construyó un pequeño invernáculo lleno de saledizos, enrejados, ventanillas, postigos, que dejara entrar la luz y el aire, sin poner en peligro la delicadeza oriental de la planta.

A medida que la magnolia crecía, se afanaban a su alrededor carpinteros y arquitectos, tratando de hacer crecer también su invernáculo. Hacía mucho que había dejado de parecerse a una caja. Durante algunos años, se asemejó a una casa, después a un palacete. Y porque la magnolia aún aumentaba, a su alrededor, fue surgiendo un palacio.

Palacio transparente, etéreo, en que las hojas brillantes se movían lentas, casi silenciosas, pero abrigaban pájaros. Y donde, desde lo alto de cinco torres, los vigías de la magnolia cuidaban de que nada le faltara, y a cada primavera anunciaban sus nuevos brotes.

Y en esas épocas, el rey y sus esposas, en compañía de algunos cortesanos privilegiados, se mudaban al palacio de la magnolia.

Tapetes, cojines, y una densa sombra. No sólo a causa del árbol, sino por la misma estructura del palacio. Pues aunque aireado, ningún rayo de sol penetraba las celosías, y los aleros inclinados protegían las ventanas. La planta no corría riesgos.

Allí se convocaba a los ministros, allí los embajadores presentaban sus credenciales, allí permanecía el rey hasta el otoño.

Y cuando el monarca se marchaba, aún permanecían en aquel lugar sus esposas. Quienes, trepadas en altas escaleras, envolvían las ramas en suaves lanas, para proteger la magnolia de los fríos del invierno.

Flores, no obstante, aquellas flores que el embajador prometiera al entregarla, nunca habían llegado.

300 años pasaron. Muerto el rey que había recibido la caja de laca, muertas sus esposas y todos sus hijos, muertos los hijos de sus hijos, y los nietos de los nietos de estos, verdeaba fresca y lozana la magnolia.

Y en aquel tricentésimo año, con la llegada del calor y el anuncio de los vigías de la magnolia, el rey, que no se parecía al primer rey, se había mudado con su esposa y los más destacados cortesanos a vivir bajo el árbol. Tapetes, divanes, y una sombra tan densa como siempre. Aquel año, sin embargo, un ruido corrió de repente por la verde quietud, como una larga herida. Un ruido nuevo, distinto a todos, un estallar de leños que, habiéndose anunciado discretamente, muy pronto aumentó, se infló, como el gemido de un barco en la tempestad.

Se inclinaban desde lo alto los vigías, la corte miraba desde abajo. Un ramal pareció desperezarse, se extendió, creció, salió por un postigo. Otro atravesó los calados, destrozando maderas. Y otro, y otro, se lanzaron hacia afuera empujando, forzando, derribando. El tejado del invernáculo cayó con un estrépito de tablas. Las finas tejas reventaron. Las paredes, destrozadas, amenazaban un rápido derrumbe. La magnolia se expandía a pleno sol.

Temió por ella el rey, murmuró asustada la corte. Bajo la sombra, sólo brindada ahora por el follaje, esperaron.

No tardó mucho antes de que los vigías anunciaran una nueva y extemporánea brotación. Al poco tiempo, comenzaron a abrirse los botones.

Y cuando los botones se abrieron en pétalos, todos vieron las flores que el remoto embajador había prometido. Todos se entregaron a disfrutar del perfume que se extendía por el reino.

Los primeros en llegar fueron los habitantes de la ciudad. Unos se sentaron en los prados, otros se apostaron a lo largo de los senderos. En las ramas, nuevos botones se tornaban pétalos. La noticia cundía con el perfume. Después, vinieron los habitantes del valle. Y los habitantes de la costa. La magnolia, blanca, más blanca se hacía. También de otros reinos venían. A caballo, a pie, en carromatos, los viejos en las espaldas de los mozos, los niños en los brazos de las madres. Venían y venían.

Todos ansiaban ver la floración. Y todos la vieron, porque siguió durante el verano, llegó al otoño. Cuando cayó el primer pétalo blanco, el frío había traído la nieve. Difícil ahora distinguir un blanco del otro. Sólo faltaba el perfume. Y los pájaros.

Aterida, la multitud regresó a sus casas. Y regresó el rey, con su corte, al palacio de Invierno.

Solitaria, cubierta de nieve, la magnolia se conservaba blanca, como si aún estuviera florecida.

Pero cuando la primavera llegó después del deshielo, los vigías, a pesar de sus esfuerzos, no pudieron anunciar nuevos brotes. Las ramas que nadie había envuelto en lanas siguieron desnudas, los pájaros no vinieron a buscarlas, y la magnolia llegada de Oriente, planta de gran delicadeza, no despertó.

Con su voz de mujer

Aquel dios era dueño de aquella ciudad, como un mortal sería dueño de una hacienda o una finca. La ciudad no era grande: el templo, casas, y los campos vecinos. Pero, porque era dueño de aquella ciudad, el dios era también responsable de la felicidad de sus habitantes.

Y un día, por las oraciones, percibió que los habitantes no eran felices.

—Nada les falta —dijo el dios en voz alta—. Cuido que las estaciones se sucedan en buen orden. Les garantizo cosecha en el campo y comida en la mesa. Ningún grano se pudre en las espigas. Ningún huevo se malogra en los nidos. Y los hijos crecen. ¿Por qué, pues, no son felices?

Pero los hombres desconocen las preguntas de los dioses. Y aunque había hablado en voz tan alta que podría haberse oído de una estrella a otra, nadie le respondió.

La ciudad estaba en la palma de la mano del dios. Y aun así tan lejos, que él no veía los sentimientos de aquellas personas.

—Iré allá— dijo la alta voz. —Entre ellos, veré mejor lo que sucede.

Y habiéndolo decidido, abrió sus inmensos guardarropas en busca de una identidad con la cual presentarse en el mundo de los mortales. Había allí pieles y cueros de todos los animales, desde la lisa piel de la gacela hasta la áspera coraza del rinoceronte. El cuello de la jirafa pendía de un perchero, plumas de colores lucían en los armarios. Y en un cajón, se alineaban las preciosas caparazones de los insectos. Pero esta vez, no usaría una forma de animal para descender a la tierra. Removió entre las pieles de los humanos, alzó una oscura, bronceada por el sol, vaciló un instante. Después, escogió la más lisa y suave, se encerró dentro de ella, se cubrió con una túnica. Y descendió.

Y he aquí que una mujer de largos cabellos apareció en la ciudad diciendo que era dios, y nadie le creyó. Si fuera dios, habría venido como guerrero, héroe u hombre poderoso. Si fuera dios, aparecería como león, toro bravío o águila lanzándose desde las nubes. Hasta el cocodrilo y la serpiente podrían abrigar a un dios en su cuerpo. Pero una mujer venida de

las calles estrechas no podía ser otra cosa que una mujer.

Y así, el dios sujetó sus largos cabellos sobre la nuca y fue en busca de trabajo. Pero no se da a una mujer un trabajo de herrero, ni se la sienta en una carroza a conducir caballos. Una mujer no es persona apta para guiar soldados, no es apta siquiera para el manejo del arado. Y después de muchas búsquedas, el dios mujer sólo logró emplearse en una casa, para ayudar a las tareas domésticas.

Una buena casa lo acogió. La esposa diligente, el marido trabajador. No había polvo en los rincones, aunque lo trajeran en sus sandalias. Y los hijos crecían como crecen los hijos que son sanos. No obstante, poco sonreían. Cumplían sus labores durante el día. Por la noche, se juntaban en el establo para aprovechar el calor de los animales. Las mujeres hilaban. Los hombres reparaban herramientas o hacían cestos. Nadie hablaba. Las noches eran largas, tras las largas jornadas. Los humanos se aburrían.

Hasta el dios, de huso en mano, se aburría. Y una noche, no soportando la rutina de los gestos y del silencio, abrió la boca y empezó a contar.

Contó una historia que había sucedido en su mundo, aquel mundo donde todo era posible y donde el vivir no obedecía a reglas pequeñas como las de los hombres. Era una larga historia, una historia como nunca nadie había contado en aquella ciudad donde no se contaban historias. Y las mujeres oyeron, con los ojos muy abiertos, mientras el hilo salía fino y delicado entre sus dedos. Y los hombres oyeron, olvidando las herramientas. Y el niño que lloraba se adormeció en el regazo de la madre. Y los otros niños vinieron a sentarse a los pies del dios. Y nadie habló nada mientras él contaba, aunque en sus corazones todos estuvieran contando con él.

La noche fue corta aquella noche.

A la siguiente, reunidos todos en el establo, como todas las noches, el dios no habló. Las mujeres lo miraban de vez en cuando, por encima del huso. Los hombres trataban de no hacer ruido, dejando el silencio libre para él. Todos esperaban. Pero los niños, que jugaban con el dios mujer durante el día, vinieron a sentarse a su lado. Uno, dando un leve tirón a la falda del dios mujer, pidió:

–¡Cuenta!

Y, con su voz de mujer, el dios contó.

Así, noche tras noche el dios brindó sus historias a la familia, como hasta entonces les había brindado las frutas maduras llenas de semillas. Y no sólo a aquella familia, porque pronto el vecino del frente supo, y esa noche se presentó con los suyos en el establo para oír también. Y después fue el turno del vecino de al lado. Y en poco tiempo, el establo estaba lleno, y muchos se amontonaban en las ventanas y en la puerta.

Ahora, durante el día, mientras araban, martillaban, mientras alzaban el hacha, los hombres recordaban las historias que habían oído en la noche, y tenían la impresión de que también navegaban, volaban, cabalgando relámpagos y nubes como aquellos personajes. Y las mujeres extendían las sábanas como si armaran tiendas, reprendían el perro como si domaran leones, y al atizar el fuego, lanceaban dragones. Hasta el pastor con sus ovejas no estaba ya solo, y las ovejas eran su legión.

Los hombres sonreían al hacer sus labores, las mujeres cantaban y hacían amplios gestos con sus brazos, y los niños corrían y daban volteretas, temblando de placer. El tedio había desaparecido.

Fue entonces cuando una mujer que había estado en el establo empezó a repetir las historias del dios a otros habitantes de la ciudad. Repetir exactamente, no. Aquí y allí agregaba cosas, suprimía otras, y cada historia, siendo la misma, era otra. Más que contar, recontaba. Luego, hubo un joven que hizo lo mismo. Y, después de un tiempo, nadie pudo decir ya con certeza de dónde venía esta o aquella historia, y quién la había contado primero.

Nadie pudo decir, tampoco, cuál era el paradero de aquella mujer de largos cabellos presos sobre la nuca, que un día había aparecido en la ciudad, venida no se sabe de dónde. Y que otro día había partido con su cargamento de historias, hacia ese mismo lugar.